やりきれるから自信がつく！

✓ 1日1枚の勉強で，学習習慣が定着！

◎目標時間にあわせ，無理のない量の問題数で構成されているので，
「1日1枚」やりきることができます。

◎解説が丁寧なので，まだ学校で習っていない内容でも勉強を進めることができます。

✓ すべての学習の土台となる「基礎力」が身につく！

◎スモールステップで構成され，1冊の中でも繰り返し練習していくので，
確実に「基礎力」を身につけることができます。「基礎」が身につくことで，
発展的な内容に進むことができるのです。

◎教科書に沿っているので，授業の進度に合わせて使うこともできます。

✓ 勉強管理アプリの活用で，楽しく勉強できる！

◎設定した勉強時間にアラームが鳴るので，学習習慣がしっかりと身につきます。

◎時間や点数などを登録していくと，成績がグラフ化されたり，
賞状をもらえたりするので，達成感を得られます。

◎勉強をがんばると，キャラクターとコミュニケーションを
取ることができるので，日々のモチベーションが上がります。

JN041996

学研 毎日のドリルの 使い方

① 1日1枚, 集中して解きましょう。

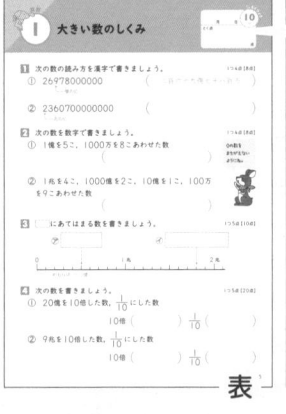

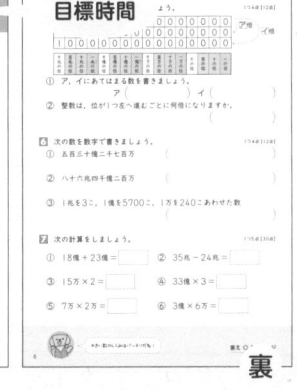

表　　裏

◎ 1冊で, 主要教科の勉強ができます。
算数, 国語, 英語, 社会, 理科の順に並んでいます。もくじから, 勉強したい教科・内容を選んで進めましょう。

◎ 1回分は, 1枚 (表と裏) です。
1枚ずつはがして使うこともできます。

◎ 目標時間を意識して解きましょう。
アプリのストップウォッチなどで, かかった時間を計るとよいです。

② 答え合わせをしましょう。

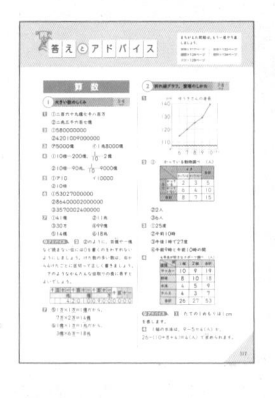

・本の最後に, 「答えとアドバイス」があります。

・答え合わせをして, 点数をつけましょう。

できなかった問題を
解き直すと,
より力がつくよ!

③ アプリに得点を登録しましょう。

べんきょう がんばるっきゅ～

・アプリに得点を登録すると, 成績がグラフ化されます。
・勉強すると, キャラクターが育ちます。

♪ 英語の音声再生アプリについて

英語では, ①マークのついた音声を聞いて答える問題があります。音声は, 専用アプリで再生することができます。

【アプリのご利用方法】
スマートフォン, またはタブレットPCから下記のURLにアクセスしてください。
https://gakken-ep.jp/extra/myotomo/

♪ 毎日のドリル ♪
勉強管理アプリ

「毎日のドリル」シリーズ専用、スマートフォン・タブレットで使える無料アプリです。
1つのアプリで、シリーズすべてを管理でき、学習習慣が楽しく身につきます。

①「毎日のドリル」の学習を徹底サポート！

毎日の勉強タイムをお知らせする「タイマー」

かかった時間を計る「ストップウォッチ」

勉強した日を記録する「カレンダー」

入力した得点を「グラフ化」

これはやる気が でちゃうぞ！

③ 1冊終わると、ごほうびがもらえる！

ドリルが1冊終わるごとに、賞状やメダル、称号がもらえます。

② キャラクターと楽しく学べる！

好きなキャラクターを選ぶことができます。勉強をがんばるとキャラクターが育ち、「ひみつ」や「ワザ」が増えます。

④ 漢字と英単語のゲームにチャレンジ！

ゲームで、どこでも手軽に、楽しく勉強できます。漢字は学年別、英単語はレベル別に構成されており、ドリルで勉強した内容の確認にもなります。

自己ベスト更新を目指そう！

アプリの無料ダウンロードはこちらから！
https://gakken-ep.jp/extra/maidori/

【推奨環境】
■各種Android端末：対応OS Android6.0以上
■各種iOS（iPadOS）端末：対応OS iOS10以上
※対応OSであっても、Intel CPU（x86 Atom）搭載の端末では正しく動作しない場合があります。　※対応機種は、各ストアでご確認ください。
※お客様のネット環境および携帯端末により、アプリをご利用できない場合・当社は責任を負いかねます。
※サービスの提供を中止する場合がありますので、ご了承ください。　※アプリは予告なく、サービスの内容を変更・了承くださいますようお願いいたします。
また、事前の予告なく、ご提供・サービス内容を変更する場合があります。

1 大きい数のしくみ

1 次の数の読み方を漢字で書きましょう。　1つ4点【8点】

① 269780000000　（　二百六十九億七千八百万　）
　└─億の位

② 2360700000000　（　　　　　　　　　　）
　└─兆の位

2 次の数を数字で書きましょう。　1つ4点【8点】

① 1億を5こ，1000万を8こあわせた数

（　　　　　　　　　　　　）

0の数を
まちがえない
ようにね。

② 1兆を4こ，1000億を2こ，10億を1こ，100万を9こあわせた数

（　　　　　　　　　　　　）

3 □にあてはまる数を書きましょう。　1つ5点【10点】

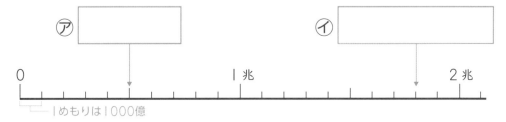

ア □　　　　　イ □

0　　　　　　1兆　　　　　2兆

1めもりは1000億

4 次の数を書きましょう。　1つ5点【20点】

① 20億を10倍した数，$\frac{1}{10}$にした数

10倍（　　　　　）　$\frac{1}{10}$（　　　　　）

② 9兆を10倍した数，$\frac{1}{10}$にした数

10倍（　　　　　）　$\frac{1}{10}$（　　　　　）

5 下の位取りの表を見て答えましょう。　　　　1つ4点【12点】

千兆の位	百兆の位	十兆の位	一兆の位	千億の位	百億の位	十億の位	一億の位	千万の位	百万の位	十万の位	一万の位	千の位	百の位	十の位	一の位
			1	0	0	0	0	0	0	0	0	0	0	0	0
		1	0	0	0	0	0	0	0	0	0	0	0	0	0
1	0	0	0	0	0	0	0	0	0	0	0	0	0	0	0

ア倍　イ倍

① ア，イにあてはまる数を書きましょう。

ア（　　　　　　　　）　イ（　　　　　　　）

② 整数は，位が1つ左へ進むごとに何倍になりますか。

（　　　　　　　　）

6 次の数を数字で書きましょう。　　　　1つ4点【12点】

① 五百三十億二千七百万　　　（　　　　　　　　　　　）

② 八十六兆四千億二百万　　　（　　　　　　　　　　　）

③ 1兆を3こ，1億を5700こ，1万を240こあわせた数

（　　　　　　　　　　　）

7 次の計算をしましょう。　　　　1つ5点【30点】

① 18億＋23億＝[　　　]　　② 35兆－24兆＝[　　　]

③ 15万×2＝[　　　]　　④ 33億×3＝[　　　]

⑤ 7万×2万＝[　　　]　　⑥ 3億×6万＝[　　　]

大きい数のしくみはバッチリだね！

答え ▶ 117ページ

2 折れ線グラフ，整理のしかた

月 日

とく点

点

10分

1 下の表は，ゆうきさんの身長の変わり方を調べたものです。これを折れ線グラフに表しましょう。

グラフ12点，□1つ1点【24点】

ゆうきさんの身長

年令 （才）	6	7	8	9	10
身長 （cm）	115	120	125	129	139

( )

〜の印を使って，めもりのとちゅうを省く。

0

( )

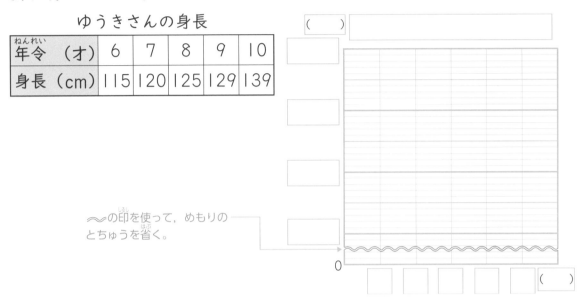

2 下の表は，イヌやネコをかっているかどうか，15人について調べたものです。

①20点，②，③1つ6点【32点】

番号	1	2	3	4	5	6	7	8	9	10	11	12	13	14	15
イヌ	○	○	×	×	○	○	×	×	○	○	×	×	○	×	○
ネコ	○	×	○	×	×	○	○	×	×	×	×	×	×	○	×

○…かっている　×…かっていない

① 結果を，右の表に整理しましょう。

② どちらもかっている人は何人ですか。

（　　　　　）

③ イヌだけかっている人は何人ですか。

（　　　　　）

かっている動物調べ　（人）

		イヌ		合計
		かっている	かっていない	
ネコ	かっている			
	かっていない			
合計				

7

3 次の折れ線グラフは，1日の地面の温度の変わり方を表したものです。

1つ6点【24点】

① 午後2時の地面の温度は何度ですか。

( )

② 午前に地面の温度が20度になったのは何時ですか。

( )

③ 地面の温度がいちばん高いのは何時で，それは何度ですか。

( )

④ 地面の温度の上がり方がいちばん大きかったのは，何時と何時の間ですか。

( )

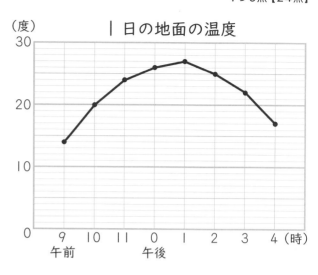

1日の地面の温度

4 下の表は，4年生が好きなスポーツを調べたものです。表のあいているところに数字を書きましょう。

1つ5点【20点】

4年生が好きなスポーツ調べ（人）

種類＼組	1組	2組	合計
サッカー	10	9	19
野球	8	10	
水泳		5	9
テニス	4	3	7
合計	26		

アプリに，とく点を登録しよう！

答え ▶ 117ページ

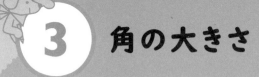

3 角の大きさ

1 あ〜えの角度をはかりましょう。　　　　　1つ8点【32点】

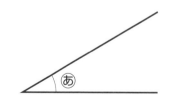

あ （　　30°　　）

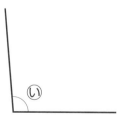

い （　　　　　）

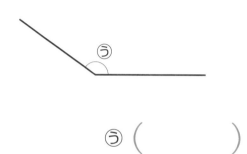

う （　　　　　）

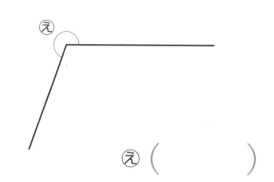

え （　　　　　）

2 次の大きさの角をかきましょう。　　　　　1つ8点【24点】

① 70°

③は，180°をもとにすると，
240−180＝60で，60°
180°と60°に分けてかこう！

② 150°

③ 240°

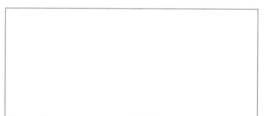

3 次の⑤，⑥の角度を，計算で求めましょう。 1つ8点【16点】

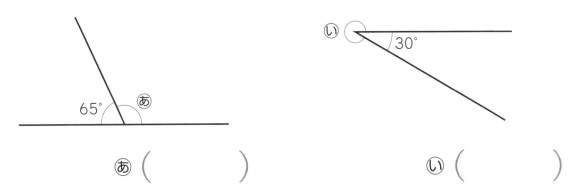

⑤ （　　　　　） 　　　　　　　　　⑥ （　　　　　）

4 | 組の三角じょうぎを組み合わせてできる，⑤，⑥の角度を求めましょう。 1つ8点【16点】

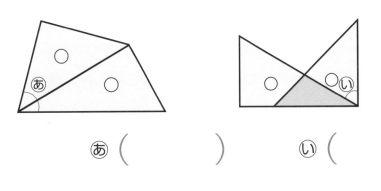

三角じょうぎの角の大きさは，90°，60°，30°と90°，45°，45°だね。

⑤ （　　　　　） 　　　　　　⑥ （　　　　　）

5 下の図のような三角形を，右にかきましょう。 【12点】

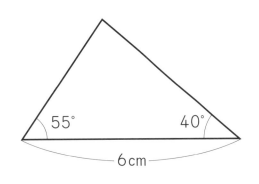

角の大きさはあわかったかな？

答え ▶ 118ページ

④ 1けたでわるわり算の筆算

1 計算をしましょう。

1つ5点【40点】

16÷5＝ 3 あまり1

①
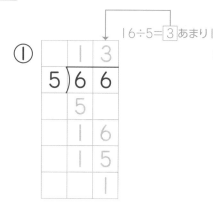

```
   1 3
5)6 6
  5
  1 6
  1 5
      1
```

②
```
6)7 2
```

③
```
3)9 5
```

④

```
2)3 7 5
```

⑤
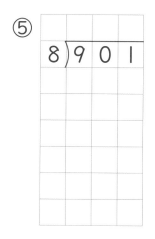

```
8)9 0 1
```

答えのたしかめをしよう！

⑥
```
4)7 6 3
```

⑦
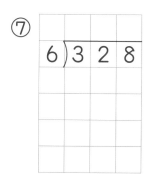

```
6)3 2 8
```

⑧
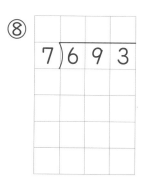

```
7)6 9 3
```

11

2 計算をしましょう。

① 2)73　　② 6)84　　③ 4)92　　④ 5)88

⑤ 4)90　　⑥ 3)67　　⑦ 4)713　　⑧ 7)804

⑨ 3)941　　⑩ 8)848　　⑪ 8)664　　⑫ 7)421

たてる，かける，ひく，おろすをくり返すよ。

答え ▶ 118ページ

5 2けたでわるわり算の筆算，式と計算

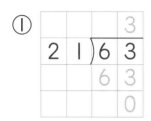

1 計算をしましょう。 1つ4点【24点】

①
```
      3
2 1)6 3
    6 3
      0
```

②
```
1 3)8 1
```

③
```
2 5)1 2 9
```

④
```
      3 2
2 4)7 6 9
    7 2
      4 9
      4 8
        1
```

769の76は，24より大きいので，商は十の位からたつ。

十の位の計算

```
        3   ←76÷24で，
24)7 6 9    3をたてる。
    7 2   ←24×3
      4   ←76−72
```

一の位の計算
●9をおろす。

```
        3 2 ←49÷24で，
24)7 6 9    2をたてる。
    7 2
      4 9
      4 8 ←24×2
        1 ←49−48
```

⑤
```
2 7)8 0 0
```

⑥
```
1 4)4 3 3
```

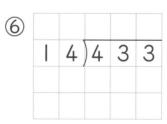

⑥は商に0がたつから計算を省いてみよう。

2 計算をしましょう。 1つ5点【15点】

① $62 - 15 \times 3 = 62 - \boxed{45} = \boxed{17}$

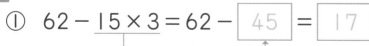

② $16 + 92 \div 4$

③ $148 - (28 + 20)$

【計算のじゅんじょ】
・（ ）のある式は，（ ）の中を先に計算する。
・かけ算やわり算は，たし算やひき算より先に計算する。

3 計算をしましょう。

1つ5点【45点】

① $13\overline{)95}$

② $27\overline{)63}$

③ $25\overline{)80}$

④ $47\overline{)320}$

⑤ $12\overline{)528}$

⑥ $18\overline{)829}$

⑦ $29\overline{)870}$

⑧ $123\overline{)631}$

⑨ $276\overline{)781}$

4 計算をしましょう。

1つ4点【8点】

① $460-(270-190)$　　② $360÷(14+26)$

5 くふうして計算しましょう。

1つ4点【8点】

① $4×15×25$

② $62×8-57×8$

その調子！ その調子！

答え ▶ 119ページ

6 わり算の文章題

月　日　10分
とく点

点

1 65本のえん筆を，5人で同じ数ずつ分けると，1人分は何本になりますか。

式5点，答え5点【10点】

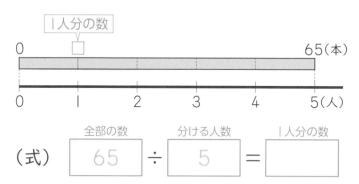

（式）

全部の数		分ける人数		1人分の数
65	÷	5	=	

答え _____

2 クッキーが84こあります。1人に7こずつ分けると，何人に分けられますか。

式5点，答え5点【10点】

（式）

全部の数		1人分の数		分けられる人数
	÷		=	

答え _____

3 280dLの水を，18dL入るびんに入れていきます。水を全部入れるには，びんは何本あればよいですか。

式5点，答え5点【10点】

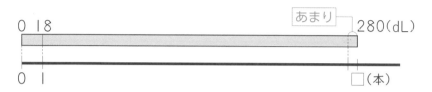

（式）

全部のかさ		1本分のかさ		びんの数		あまった水のかさ
	÷		=		あまり	

答え _____

4 96ページのドリルがあります。｜日に8ページずつ進めると，全部
終えるのに何日かかりますか。 式7点，答え7点【14点】
（式）

答え _____

5 82このみかんを，5つの箱に同じ数ずつ入れます。｜箱分は何こで，
何こあまりますか。 式7点，答え7点【14点】
（式）

答え _____

6 ビスケットを｜8まい買ったら，900円でした。ビスケット｜まい
のねだんはいくらですか。 式7点，答え7点【14点】
（式）

答え _____

7 24ページの絵本と，384ページの図かんがあります。図かんの
ページ数は，絵本のページ数の何倍ですか。 式7点，答え7点【14点】
（式）

図かんのページ数を
もとにする大きさで
あるよ。

答え _____

8 たかしさんの学校で，562人がバスで遠足に行きます。｜台に45人
まで乗れるとすると，バスは全部で何台いりますか。 式7点，答え7点【14点】
（式）

答え _____

あまりの意味をよく考えよう！

答え ▶ 119ページ

1 次の数を四捨五入して，（ ）の中の位までのがい数で表しましょう。

1つ4点【12点】

① 2784 （百の位）
⌞1つ下の十の位で四捨五入する。

(2800)

② 5049 （千の位）

( )

③ 765093 （一万の位）

( )

【ある位までのがい数で表すしかた】
その位の1つ下の位の数字が
・0，1，2，3，4のときは，切り捨てる。
・5，6，7，8，9のときは，切り上げる。
このようなしかたを四捨五入という。

2 次の数を四捨五入して，上から2けたのがい数で表しましょう。

1つ4点【16点】

① 32481
⌞上から3けためで四捨五入する。

(32000)

② 60923

( )

③ 761597

( )

④ 426418

( )

3 ☐にあてはまる数を書きましょう。

1つ10点【20点】

① 四捨五入して，十の位までのがい数で表したとき，350になる

整数のはんいは，☐以上☐以下です。

② 四捨五入して，百の位までのがい数で表したとき，6700になる

整数のはんいは，☐以上☐未満です。

4 次の数を，⑦，⑦の位で四捨五入して，がい数で表しましょう。

1つ4点【16点】

① 32970

⑦千の位 (　　　　　　)

⑦百の位 (　　　　　　)

② 5962858

⑦一万の位 (　　　　　　)

⑦千の位 (　　　　　　)

②⑦は
十万の位も
気をつけよう。

5 次の数を四捨五入して，上から1けたのがい数で表しましょう。

1つ6点【12点】

① 40752

(　　　　　　)

② 754691

(　　　　　　)

6 28☐65という5けたの数について答えましょう。　　1つ6点【12点】

① 百の位で四捨五入したとき，28000になるのは，☐がどんな数字のときですか。全部書きましょう。

(　　　　　　　　　　)

② 十の位で四捨五入すると，28500になるとき，☐にあてはまる数字はいくつですか。

(　　　　　　　　　　)

7 子どもが28人で，博物館に行きます。子ども1人分の入館料は220円です。子ども全員の入館料は約何円になりますか。四捨五入して，上から1けたのがい数にして見積もりましょう。

（式）

式6点，答え6点【12点】

答え _____

がい数の表し方はバッチリだね！

答え ▶ 119ページ

8 垂直・平行と四角形

1 下の図で，⑦の直線に垂直な直線はどれですか。三角じょうぎを使って調べ，全部答えましょう。

【6点】

2本の直線が交わってできる角が直角のとき，2本の直線は垂直だったね。

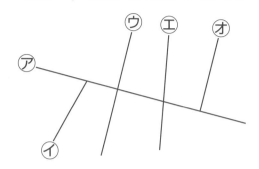

(　　　　　　)

2 下の図で，⑦と⑦の直線は平行です。次の問題に答えましょう。

1つ6点【18点】

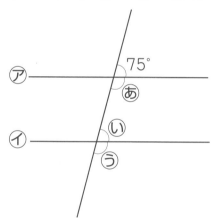

① あの角度と等しい角度は⑩，⑤のどちらですか。　(　　　　　)

② あと⑩の角度は何度ですか。
あ(　　　　　)　⑩(　　　　　)

3 右の平行四辺形を見て，次の問題に答えましょう。

1つ5点【20点】

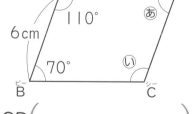

① 辺BC，辺CDの長さは何cmですか。

向かい合った辺の長さは等しい。

辺BC(　　　　　)　辺CD(　　　　　)

② あ，⑩の角度は何度ですか。

向かい合った角の大きさは等しい。

あ(　　　　　)　⑩(　　　　　)

19

4 右の長方形を見て，次の問題に答えましょう。　1つ10点【20点】

① 辺ABと垂直な辺はどれですか。全部答えましょう。

（　　　　　　　　　　　　　　　　）

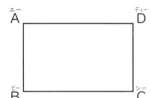

② 辺ADと平行な辺はどれですか。

（　　　　　　　　　　　　　　　　）

5 右のひし形を見て，次の問題に答えましょう。　1つ6点【18点】

① 辺BCの長さは何cmですか。

（　　　　　　　　　）

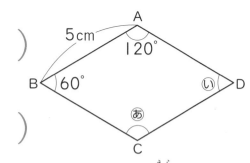

② あ，いの角度は何度ですか。

あ（　　　　　　）　い（　　　　　　）

6 次の①〜③にあてはまる四角形を，下の⑦〜⑦から全部選んで，記号で答えましょう。　1つ6点【18点】

正方形　　　長方形　　　ひし形　　　台形　　　平行四辺形

① 向かい合った2組の辺が平行な四角形

（　　　　　　　　　　　　　　　　）

② 4つの辺の長さがみんな等しい四角形

（　　　　　　　　　　　　　　　　）

③ 2本の対角線の長さが等しく，垂直に交わる四角形

（　　　　　　　　　　　　　　　　）

四角形と対角線の関係もわかったかな？

答え ▶ 120ページ

1 計算をしましょう。　　　　　　　　　　　　　　　　　　1つ4点【24点】

分母はそのままで，分子だけをたす。

① $\dfrac{4}{7} + \dfrac{6}{7} = \dfrac{10}{7}\left(= 1\dfrac{3}{7} \right)$　　② $\dfrac{3}{6} + \dfrac{5}{6} = \dfrac{\Box}{\Box}\left(= \Box\dfrac{\Box}{\Box} \right)$

③ $\dfrac{7}{8} + \dfrac{1}{8} = \dfrac{8}{8} = \boxed{1}$　　④ $\dfrac{13}{5} - \dfrac{2}{5} = \dfrac{\Box}{\Box}\left(= \Box\dfrac{\Box}{\Box} \right)$

⑤ $\dfrac{8}{3} - \dfrac{1}{3} = \dfrac{\Box}{\Box}\left(= \Box\dfrac{\Box}{\Box} \right)$　　⑥ $\dfrac{13}{4} - \dfrac{5}{4} = \dfrac{\Box}{\Box} = \Box$

2 計算をしましょう。　　　　　　　　　　　　　　　　　　1つ4点【24点】

① $2\dfrac{4}{9} + \dfrac{3}{9} = \Box\dfrac{\Box}{\Box}$　　

整数部分どうしの和
1+2

② $1\dfrac{1}{7} + 2\dfrac{4}{7} = 3\dfrac{5}{7}$

分数部分どうしの和

③ $\dfrac{3}{5} + 1\dfrac{4}{5} = 1\dfrac{\Box}{\Box} = \Box\dfrac{\Box}{\Box}$　　④ $3\dfrac{5}{8} - \dfrac{3}{8} = 3\dfrac{\Box}{\Box}$

⑤ $3\dfrac{2}{4} - 2\dfrac{3}{4} = \Box\dfrac{\Box}{\Box} - 2\dfrac{3}{4} = \dfrac{\Box}{\Box}$

⑥ $4 - 1\dfrac{2}{3} = \Box\dfrac{\Box}{\Box} - 1\dfrac{2}{3} = \Box\dfrac{\Box}{\Box}$

⑥4を整数と仮分数の和になおすと，$4=3\dfrac{3}{3}$だね。

3 計算をしましょう。 1つ4点【24点】

① $\dfrac{3}{4} + \dfrac{2}{4}$ ② $\dfrac{4}{5} + \dfrac{4}{5}$

③ $\dfrac{1}{6} + \dfrac{5}{6}$ ④ $\dfrac{12}{7} - \dfrac{4}{7}$

⑤ $\dfrac{17}{9} - \dfrac{2}{9}$ ⑥ $\dfrac{13}{8} - \dfrac{5}{8}$

4 計算をしましょう。 1つ4点【28点】

① $2\dfrac{4}{7} + \dfrac{5}{7}$ ② $1\dfrac{2}{8} + \dfrac{7}{8}$

③ $2\dfrac{4}{5} + 3\dfrac{2}{5}$ ④ $1\dfrac{3}{6} - \dfrac{5}{6}$

⑤ $4 - 3\dfrac{5}{9}$ ⑥ $3\dfrac{2}{7} - 1\dfrac{6}{7}$

⑦ $7\dfrac{1}{4} - 5\dfrac{3}{4}$

アプリに，とく点を登録しよう！

答え ▶ 120ページ

10 分数の計算の文章題

1 水を，兄は $\frac{4}{5}$ L，弟は $\frac{2}{5}$ L 飲みました。あわせて何L飲みましたか。　式7点，答え7点【14点】

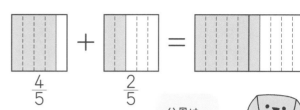

分母はそのまま！

（式）　$\dfrac{4}{5}$ ＋ $\dfrac{2}{5}$ ＝ $\dfrac{\square}{\square}$ $\left(= \square\dfrac{\square}{\square} \right)$

答え ＿＿＿＿＿＿＿

2 $2\frac{1}{3}$ mの赤のリボンと，$\frac{2}{3}$ mの青のリボンがあります。赤と青のリボンの長さのちがいは何mですか。　式7点，答え7点【14点】

（式）　$\square$ ＋ $\square$ ＝ 1 $\square$ ＋ $\square$ ＝ $\square$

整数部分から1くり下げて，分数部分を仮分数になおす。

答え ＿＿＿＿＿＿＿

3 5kgの米があります。今日 $\frac{5}{6}$ kg使いました。残っている米は何kgですか。　式7点，答え7点【14点】

（式）　$5 -$ $\square$ ＝ 4 $\square$ ＋ $\square$ ＝ $\square$

5を整数と仮分数の和になおす。

答え ＿＿＿＿＿＿＿

4 ひなのさんは，昨日$1\dfrac{3}{6}$時間，今日$\dfrac{4}{6}$時間読書をしました。あわせて何時間読書をしましたか。

式7点，答え7点【14点】

（式）

答え _____

5 オレンジジュースが$3\dfrac{5}{8}$dLあります。リンゴジュースはオレンジジュースより$2\dfrac{3}{8}$dL多いそうです。リンゴジュースは何dLですか。

式7点，答え7点【14点】

（式）

答え _____

6 しょうゆが$\dfrac{8}{7}$Lあります。このうち，$\dfrac{3}{7}$L使いました。残りは何Lですか。

式8点，答え7点【15点】

（式）

答え _____

7 ゆかさんの家から図書館までは$2\dfrac{3}{9}$kmあります。ゆかさんは家から図書館に向かって$1\dfrac{5}{9}$km歩きました。図書館までは，あと何kmですか。

式8点，答え7点【15点】

（式）

答え _____

分数の文章題はバッチリだ！

答え ▶ 120ページ

月　日　10分

とく点

点

1 はるかさんとお父さんは，たん生日が同じです。2人の年令の関係について，次の問題に答えましょう。　①9点，②，③1つ8点【25点】

① 下の表のあいているところに，あてはまる数を書きましょう。

はるかさん(才)	9	10	11	12	13	14	15
お父さん　(才)	41	42	43				

② はるかさんの年令を□才，お父さんの年令を○才として，□と○の関係を表す式を書きましょう。　（式）□＋ □ ＝○

③ お父さんが55才のとき，はるかさんは何才ですか。

答え _____

2 正三角形の1辺の長さを，1cm，2cm，…と変えてかいていきます。このとき，1辺の長さとまわりの長さの関係について，次の問題に答えましょう。　①9点，②，③1つ8点【25点】

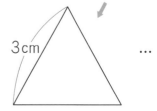

① 1辺の長さとまわりの長さの関係を調べて，下の表に書きましょう。

1辺の長さ　（cm）	1	2	3	4	5
まわりの長さ(cm)	3	6			

② 1辺の長さを□cm，まわりの長さを○cmとして，□と○の関係を表す式を書きましょう。　（式）□×□ ＝○

③ 1辺の長さが18cmのとき，まわりの長さは何cmですか。

答え _____

25

3 |辺が|cmの正方形を，下の図のように，|だん，2だん，…とふやしてならべていきます。だんの数とまわりの長さの関係について，次の問題に答えましょう。

1つ10点【30点】

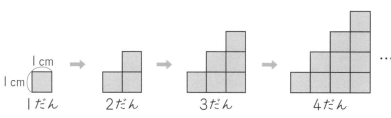

2つの数の関係はどうなっているかな。

① だんの数とまわりの長さの関係を調べて，下の表に書きましょう。

だんの数 　　（だん）	1	2	3	4	5
まわりの長さ（cm）					

② だんの数を□だん，まわりの長さを○cmとして，□と○の関係を表すかけ算の式を書きましょう。

式 _____

③ まわりの長さが56cmになるとき，だんの数は何だんですか。

答え _____

4 |mの重さが6gのひもがあります。このひもの長さと重さの関係を調べたら，下の表のようになりました。次の問題に答えましょう。

1つ10点【20点】

ひもの長さ 　　（m）	1	2	3	4	5
ひもの重さ 　　（g）	6	12	18	24	30

① ひもの長さを□m，ひもの重さを○gとして，□と○の関係を表すかけ算の式を書きましょう。

式 _____

② ひもの重さが90gのとき，ひもの長さは何mですか。

答え _____

表や式に表すとわかりやすいね！

答え ▶ 121ページ

月　　　日　　**10**分

とく点　　　　　　　　点

1 次の長方形や正方形の面積を求めましょう。　　　　式5点, 答え5点【30点】

①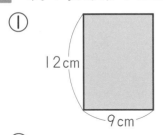

（式）| たて | × | 横 | = | 面積 |

長方形の面積＝たて×横

答え　108cm²

②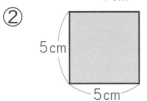

（式）| 1辺 5 | × | 1辺 | = | 面積 |

正方形の面積＝1辺×1辺　　　答え

③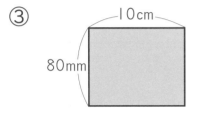

（式）| | × | | = | |

辺の長さを, 同じ
単位にそろえる。
80mm＝8cm

答え

2 次の問題に答えましょう。　　　　式5点, 答え5点【20点】

① たてが40m, 横が50mの長方形の形をした畑の面積は何aですか。

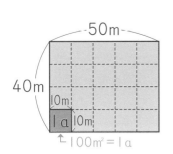

（式）| 4 | × | 5 | = | 20 |

1辺が10mの正方形の
面積が1aだね。

答え　20a

② 1辺が300mの正方形の形をした公園の面積は何haですか。

（式）| | × | | = | |

1辺が100mの正方形
の面積が1haだよ。

答え

3 下のような形の面積を求めましょう。　　　　　式5点，答え5点【20点】

① 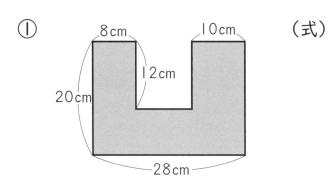　　　（式）

答え _____

② 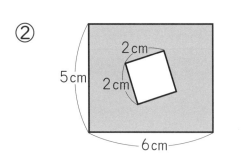　　　（式）

答え _____

4　面積が63cm²で，横の長さが9cmの長方形をかくには，たての長さを何cmにすればよいですか。

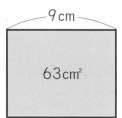

式6点，答え6点【12点】

（式）

答え _____

5　□にあてはまる数を書きましょう。　　　　　1つ3点【18点】

①　1m² = [　　　] cm²　　　②　6km² = [　　　] m²

③　200000m² = [　　　] ha　　④　800ha = [　　　] a

⑤　4a = [　　　] m²　　　　　⑥　3ha = [　　　] m²

面積の求め方はわかったかな？

答え ▶ 121ページ

13 小数のたし算・ひき算

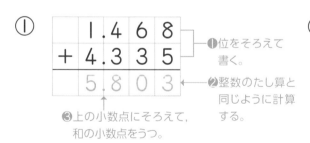

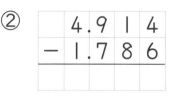

月　日　**10**分

とく点

点

1 計算をしましょう。

1つ3点【21点】

①
```
  3.7 3
+ 2.6 5
-------
  6.3 8
```

❶位をそろえて書く。

❷整数のたし算と同じように計算する。

❸上の小数点にそろえて，和の小数点をうつ。

```
  3.7 3        3.7 3        3.7 3
+ 2.6 5   →  + 2.6 5   →  + 2.6 5
-------      -------      -------
               6 3 8        6.3 8
```

②
```
  5.0 1
+ 3.9 3
-------
```

③
```
  4.6
+ 8.8 5
-------
```

④
```
  2 9.6
+   5.0 8
-------
```

⑤
```
  6.4 1
- 5.3 6
-------
```

⑥
```
  7
- 3.8 9
-------
```

⑦
```
  1 0.1
-   9.4 3
-------
```

2 計算をしましょう。

1つ4点【20点】

①
```
  1.4 6 8
+ 4.3 3 5
---------
  5.8 0 3
```

❶位をそろえて書く。

❷整数のたし算と同じように計算する。

❸上の小数点にそろえて，和の小数点をうつ。

②
```
  4.9 1 4
- 1.7 8 6
---------
```

③
```
  7.3 0 0
+ 0.8 5 6
---------
```

④
```
  3.5 7 8
- 0.8 9
---------
```

⑤
```
  5
- 0.0 2 9
---------
```

3 計算をしましょう。 1つ3点【27点】

①
$$\begin{array}{r} 3.13 \\ +2.84 \\ \hline \end{array}$$

②
$$\begin{array}{r} 3.08 \\ +0.96 \\ \hline \end{array}$$

③
$$\begin{array}{r} 0.67 \\ +0.37 \\ \hline \end{array}$$

④
$$\begin{array}{r} 5.19 \\ +3.81 \\ \hline \end{array}$$

⑤
$$\begin{array}{r} 0.37 \\ +9.43 \\ \hline \end{array}$$

⑥
$$\begin{array}{r} 80.92 \\ +9.08 \\ \hline \end{array}$$

⑦
$$\begin{array}{r} 7.6 \\ +6.79 \\ \hline \end{array}$$

⑧
$$\begin{array}{r} 4.304 \\ +1.185 \\ \hline \end{array}$$

⑨
$$\begin{array}{r} 0.1 \\ +0.956 \\ \hline \end{array}$$

4 計算をしましょう。 1つ4点【32点】

①
$$\begin{array}{r} 3.67 \\ -2.21 \\ \hline \end{array}$$

②
$$\begin{array}{r} 7.53 \\ -3.48 \\ \hline \end{array}$$

③
$$\begin{array}{r} 6.03 \\ -0.74 \\ \hline \end{array}$$

④
$$\begin{array}{r} 4.18 \\ -2.2 \\ \hline \end{array}$$

⑤
$$\begin{array}{r} 7.91 \\ -0.9 \\ \hline \end{array}$$

⑥
$$\begin{array}{r} 7 \\ -3.38 \\ \hline \end{array}$$

⑦
$$\begin{array}{r} 2.124 \\ -0.76 \\ \hline \end{array}$$

⑧
$$\begin{array}{r} 8 \\ -0.098 \\ \hline \end{array}$$

答えに小数点をうったかな？

答え ▶ 121ページ

14 小数のかけ算

1 計算をしましょう。　　　　　　　　　　　　　　　　1つ4点【8点】

① $0.2 \times 4 =$ 　0.8

　　0.2を10倍すると，2×4＝8
　　8を10でわると，0.8

② $0.4 \times 3 =$ 　□

2 計算をしましょう。　　　　　　　　　　　　　　　　1つ4点【16点】

①
```
    1.2
×     4
    4.8
```

❶小数点を考えないで，右にそろえて書く。

❷整数のかけ算と同じように計算する。

❸かけられる数にそろえて，積の小数点をうつ。

```
  1.2        1.2        1.2
×  4   ⇒   ×  4   ⇒   ×  4
            4 8        4.8
```

②
```
    1.6
×     8
```

③
```
   21.8
×     4
```

④
```
   0.46
×     5
```

3 計算をしましょう。　　　　　　　　　　　　　　　　1つ4点【20点】

①
```
    1.9
×   23
    5 7
  3 8
  4 3.7
```

②
```
    6.9
×   42
```

③
```
   2.54
×    17
```

④
```
   9.16
×    25
```

⑤
```
   6.88
×    15
```

④，⑤は積の小数点より右にあるいらない0を消すんだね。

31

4 計算をしましょう。 1つ4点【8点】

① 0.8×5

② 1.6×4

5 計算をしましょう。 1つ4点【24点】

①
```
   4.3
×    2
```

②
```
   1.5
×    9
```

③
```
  21.6
×    4
```

④
```
   0.3
×    3
```

⑤
```
   5.2
×    8
```

⑥
```
   8.5
×    6
```

6 計算をしましょう。 1つ4点【24点】

①
```
   2.4
× 3 2
```

②
```
   0.9
× 6 8
```

③
```
   4.8
× 4 0
```

④
```
   3.5 4
×    2 7
```

⑤
```
   3.1 3
×    6 3
```

⑥
```
   0.0 2 9
×      1 8
```

小数のかけ算ができたね！ がんばったね！

答え ▶ 122ページ

15 小数のわり算

1 計算をしましょう。③は，商は一の位まで求め，あまりも出しましょう。

1つ6点【18点】

①
$$6)\overline{7.2}$$

②
$$19)\overline{87.4}$$

③
$$\begin{array}{r} 14 \\ 3)\overline{43.8} \\ 3 \\ \hline 13 \\ 12 \\ \hline 1\cdot8 \end{array}$$

あまりの小数点は，わられる数の小数点にそろえてうつ。

2 わりきれるまで計算しましょう。

【7点】

$$\begin{array}{r} 2.15 \\ 4)\overline{8.6} \\ 8 \\ \hline 6 \\ 4 \\ \hline 20 \\ 20 \\ \hline 0 \end{array}$$

❶8.6÷4を計算する。

$$\begin{array}{r} 2.1 \\ 4)\overline{8.6} \\ 8 \\ \hline 6 \\ 4 \\ \hline 2 \end{array}$$

➡

❷8.6を8.60と考え，0をおろす。

$$\begin{array}{r} 2.1 \\ 4)\overline{8.60} \\ 8 \\ \hline 6 \\ 4 \\ \hline 20 \end{array}$$

➡

❸20÷4を計算して，わり進む。

$$\begin{array}{r} 2.15 \\ 4)\overline{8.60} \\ 8 \\ \hline 6 \\ 4 \\ \hline 20 \\ 20 \\ \hline 0 \end{array}$$

3 商は四捨五入して，上から2けたのがい数で求めましょう。　1つ6点【12点】

①
$$\begin{array}{r} 3.7\,7 \\ 9)\overline{34} \\ 27 \\ \hline 70 \\ 63 \\ \hline 70 \\ 63 \\ \hline 7 \end{array}$$

← 上から3けための位を四捨五入する。

②
$$\begin{array}{r} 0. \\ 7)\overline{6} \end{array}$$

商の一の位の0は，けた数にふくめないね。

33

4 計算をしましょう。③は，商を一の位まで求めて，あまりも出しましょう。

1つ7点【21点】

① $4 \overline{)58.4}$

② $16 \overline{)86.4}$

③ $23 \overline{)91.6}$

5 わりきれるまで計算しましょう。

1つ7点【21点】

① $6 \overline{)1.5}$

② $15 \overline{)12.9}$

③ $25 \overline{)56}$

6 商は四捨五入して，$\frac{1}{10}$ の位までのがい数で求めましょう。 1つ7点【21点】

① $7 \overline{)37}$

② $8 \overline{)71.3}$

③ $27 \overline{)10.2}$

小数のわり算ができたね！

答え ▶ 122ページ

16 小数の計算の文章題

1 重さが0.98kgのバケツに，水を5.7kg入れました。全体の重さは何kgになりますか。

式5点，答え5点【10点】

（式）

バケツの重さ		水の重さ		全体の重さ
0.98	＋	5.7	＝	

答え _____

2 オレンジジュースが2.78Lあります。1.53L飲むと，残りは何Lになりますか。

式5点，答え5点【10点】

（式）

はじめの ジュースの量		飲んだ量		残りの量
	－		＝	

答え _____

3 1mの重さが0.23kgのプラスチックのパイプがあります。このパイプ6mの重さは何kgですか。

式5点，答え5点【10点】

（式）

パイプ 1mの重さ		パイプの長さ		パイプ 6mの重さ
	×		＝	

答え _____

4 同じかんづめ34この重さをはかったら9.86kgありました。このかんづめ1この重さは何kgですか。

式5点，答え5点【10点】

（式）

かんづめ 34この重さ		かんづめの数		かんづめ 1この重さ
	÷		＝	

答え _____

5 小麦粉を，昨日は3.26kg使いました。今日は，昨日より0.457kg 多く使いました。今日使った小麦粉は何kgですか。　式6点，答え6点【12点】

（式）

答え _____

6 赤いリボンが3.59m，青いリボンが5.08mあります。長さのちがいは何mですか。　式6点，答え6点【12点】

（式）

答え _____

7 20kmのジョギングコースと50kmのサイクリングコースがあります。ジョギングコースはサイクリングコースの何倍ですか。　式6点，答え6点【12点】

（式）

答え _____

答えは小数の倍で表されるね。

8 144.6kgの塩を，12kgずつふくろに入れます。12kg入りのふくろはいくつできて，何kgあまりますか。　式6点，答え6点【12点】

（式）

答え _____

9 26.8mのテープを7人で等分すると，1人分はおよそ何mになりますか。答えは四捨五入して，上から2けたのがい数で求めましょう。

（式）　　　　　　　　　　　　　　　　　　　　式6点，答え6点【12点】

答え _____

どんな計算になるか，わかったかな？

答え ▶ 122ページ

17 直方体と立方体

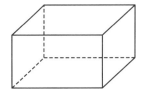

1 右の直方体について，次の問題に答えましょう。

1つ5点【25点】

① 面の数，辺の数，頂点の数はそれぞれいくつですか。

面 (　　　　　) 辺 (　　　　　　) 頂点 (　　　　　)

② 形も大きさも同じ面は，何組ありますか。

(　　　　　)

③ 長さの等しい辺は，何組ありますか。

(　　　　　)

2 下の図のような直方体の見取図を，とちゅうまでかきました。続きをかいて完成させましょう。

【15点】

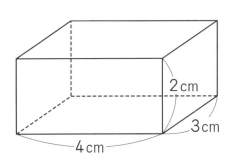

2cm
3cm
4cm

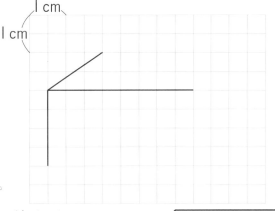

1cm
1cm

全体の形がわかるようにかいた図を，見取図という。

3 右の直方体を見て，次の問題に答えましょう。

1つ5点【10点】

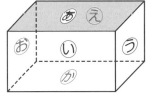

① 面あに垂直な面はどれですか。全部答えましょう。

面あととなり合った面は，面あに垂直。

(面① 　　　　　)

② 面あに平行な面はどれですか。

面あと向かい合った面は，面あに平行。

(　　　　　)

4 右の立方体の展開図を組み立てます。
次の問題に答えましょう。　1つ6点【18点】

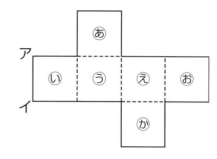

① 面うと垂直な面はどれですか。全部
答えましょう。

（　　　　　　　　　　　　　　）

② 面えと平行な面はどれですか。

（　　　　　　　　）

③ 辺アイに垂直な面はどれですか。全部答えましょう。

（　　　　　　　　　　　　　　　　　　　　）

5 右の直方体を見て，次の問題に答えましょ
う。　1つ8点【32点】

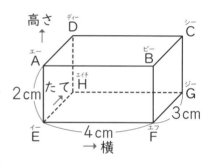

① 頂点Fを通って，辺BFに垂直な辺はど
れですか。全部答えましょう。

（　　　　　　　　　　　　　）

② 辺ADに垂直な辺はどれですか。全部答えましょう。

（　　　　　　　　　　　　　　　　　　　）

③ 辺ADに平行な辺はどれですか。全部答えましょう。

（　　　　　　　　　　　　　　　　　）

④ 頂点Eをもとにして，頂点Bの位置を表しましょう。

（横　　　cm，たて　　　cm，高さ　　　cm）

アプリにとく点を登録しよう！

答え ▶ 123ページ

月　　日　　10分

とく点

点

1 あさみさんと妹でお金を出しあって，650円のクレヨンを買います。あさみさんは妹より150円多く出すそうです。2人は，それぞれいくら出せばよいですか。

式9点，答え9点【18点】

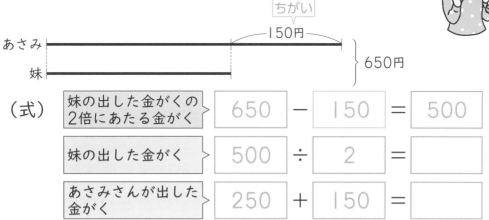

ちがい

あさみ ├────────────┤ 150円

妹 ├──────────┤ } 650円

（式）

| 妹の出した金がくの2倍にあたる金がく | 650 | − | 150 | = | 500 |

| 妹の出した金がく | 500 | ÷ | 2 | = | |

| あさみさんが出した金がく | 250 | + | 150 | = | |

答え　あさみさん　　　　　　　　　，妹

2 えいたさんの家では，買ってきたみかんを家族4人で同じ数ずつ分けました。そのあと，えいたさんは3こ食べたので，残りは5こになりました。買ってきたみかんは，全部で何こありましたか。

式9点，答え9点【18点】

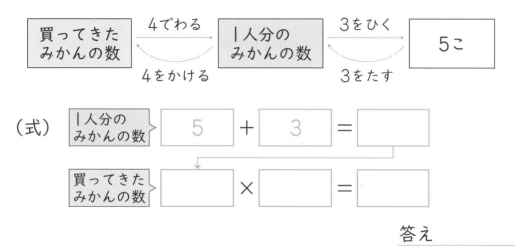

| 買ってきたみかんの数 | 4でわる → ← 4をかける | 1人分のみかんの数 | 3をひく → ← 3をたす | 5こ |

（式）

| 1人分のみかんの数 | 5 | + | 3 | = | |

| 買ってきたみかんの数 | | × | | = | |

答え

3 兄と弟が620mLの牛にゅうを2人で飲みました。兄は弟より40mL多く飲みました。それぞれが飲んだ牛にゅうの量は何mLですか。

（式）

式8点，答え8点【16点】

答え　兄 _____ ，弟 _____

4 大きいおもり1こと小さいおもり4この重さをあわせると145g，大きいおもり2こと小さいおもり4この重さをあわせると190gです。大きいおもり1こと小さいおもり1こは，それぞれ何gですか。

（式）

式8点，答え8点【16点】

答え　大きいおもり _____ ，小さいおもり _____

5 ゴムＡとゴムＢがあります。のばした後とのばす前は下のようになりました。ゴムＡとゴムＢでは，どちらがよくのびるといえますか。

式8点，答え8点【16点】

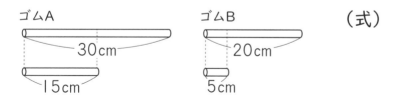

（式）

答え _____

6 テレビとうの高さは108mで，デパートの高さの3倍あります。デパートの高さは，学校の高さの2倍あります。学校の高さは何mですか。

式8点，答え8点【16点】

（式）

答え _____

よくがんばったね！！

答え ▶ 123ページ

一 漢字と送りがな

1 次の──線の送りがなが正しいものは○を、まちがっているものは正しい漢字と送りがなを、（　）に書きましょう。 1つ5点【20点】

① 毎朝、必らず新聞を読む。 （　　　　　）

② 冷たいジュースを飲む。 （　　　　　）

③ 母との約束を果たす。 （　　　　　）

④ 友達と駅で別かれる。 （　　　　　）

2 次の言葉を　　　の言い方にすると、下の言葉になります。□にあてはまる送りがなを書きましょう。 1つ4点【20点】

① 争う…動作がすんだ言い方に　➡　争　□　た

② 飛ぶ…打ち消す言い方に　➡　飛　□　ない

③ 祝う…他の人によびかける言い方に　➡　祝　□　う

④ 散る…ていねいな言い方に　➡　散　□　ます

⑤ 包む…ていねいで、動作がすんだ言い方に　➡　包　□　ました

正しい送りがなが身についたかな？

4 次の──線の言葉を、漢字と送りがな（　）に書きましょう。【一つ6点/24点】

① 放課後、教室にのこった。（ほうかご）　（　　　　　）

② 大切なものをたしかめる。　（　　　　　）

③ くへの上をとんでいくとり。　（　　　　　）

④ 考え方をあらためます。　（　　　　　）

3 次の■■の言葉を、漢字と送りがな（　）に書きましょう。【一つ6点/36点】

③ ⑦ 車がとおる。　（　　　　　）
　　④ 小学校にかよう。　（　　　　　）

② ⑦ ほそい道を歩く。　（　　　　　）
　　④ こまかい字を書く。　（　　　　　）

① ⑦ にがい薬を飲む。　（　　　　　）
　　④ 息がくるしい。　（　　　　　）

1 次の文で、使い方のまちがっている漢字一字に×を付け、正しい漢字を□に書きましょう。

一つ5点【20点】

① 駅前に大きなビルが立つ。 □

② 弟の鳴き声が聞こえる。 □

③ 夕方、公園で友人に合った。 □

④ 借りた本を兄に帰した。 □

2 次の文にあてはまるのは、どちらの漢字ですか。正しいほうに○を付けましょう。

一つ5点【20点】

① 南側のまどを　ア（　）明ける。
　　　　　　　　イ（　）開ける。

② 太陽の光が　ア（　）指す。
　　　　　　　イ（　）差す。

③ このスープは、ア（　）熱い。
　　　　　　　　イ（　）暑い。

④ この川は、流れが　ア（　）早い。
　　　　　　　　　　イ（　）速い。

文をよく読んで、合うほうの漢字を選んでね。

43

答え ◯ 124ページ

漢字は意味によって送りがなが変わります。

3 次の──の言葉を、文に合うように、漢字と送りがな（ ）に書きましょう。

1つ6点【60点】

① つく

ア 洋服にどろが（ 　　　）。

イ 夕方六時に家に（ 　　　）。

② はなす

ア 魚を海に（ 　　　）。

イ となりの人と（ 　　　）。

③ なおす

ア こわれた車を（ 　　　）。

イ 薬を飲んで、かぜを（ 　　　）。

④ はかる

ア 時間を（ 　　　）。

イ 体重を（ 　　　）。

⑤ かわる

ア 空の色が（ 　　　）。

イ 車の運転を（ 　　　）。

3 まちがえやすい漢字②

1 次の ___ の読み方をする、文に合う漢字を、□に書きましょう。

1つ5点【20点】

① テイ
- ⑦ 海 □ トンネルを通る。
- ⑦ 温度が □ 下する。

② カン
- ⑦ 水道 □ の工事をする。
- ⑦ ぼくの父は、けい察 □ だ。

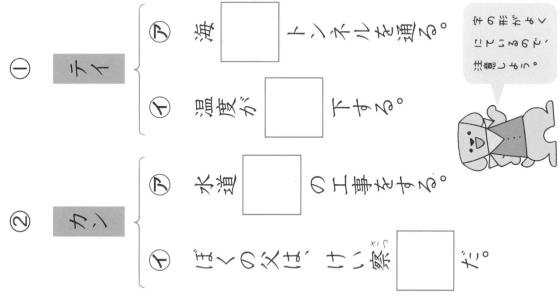

字の形がよくにているので、注意しよう。

2 次の文にあてはまるのは、どちらの漢字ですか。正しいほうに○を付けましょう。

1つ5点【20点】

① 試合に勝つ ⑦（ ）自信
イ（ ）自身 があある。

② 漢字の意味を、漢字 ⑦（ ）辞典
イ（ ）事典 で調べる。

③ みんなの ⑦（ ）気体
イ（ ）期待 にこたえる。

④ クラス全員で ⑦（ ）協力
イ（ ）強力 する。

45

同じ読みの漢字は、いくつかあります。前後の言葉から考えるようにしましょう。

4 次の ■■ の言葉を、それぞれの文の □ にあてはまる漢字で書きましょう。【1つ7点 42点】

① **しめい**

ア　住所と ［　　］ を書く。

イ　先生に ［　　］ されて本を読む。

② **きかい**

ア　最新式の ［　　］ を買う。

イ　［　　］ があれば行きたい。

③ **かいてん**

ア　プロペラが ［　　］ する。

イ　レストランが ［　　］ する。

3 次の──線のかたかなを漢字で書きます。あてはまるものをそれぞれのア〜ウから一つずつ選んで、□に記号を書きましょう。【1つ6点 18点】

① 委員長をトウヒョウで決める。

ア 表　イ 投　ウ 票

　［　　］

② 児童会のフクカイ長になる。

ア 副　イ 福　ウ 服

　［　　］

③ ケンコウに注意して生活する。

ア 験　イ 建　ウ 健

　［　　］

1 漢字辞典を使って、漢字の意味を調べます。①〜③のときは、どのさくいんを使ったらよいですか。□□□から一つずつ選んで、□に記号を書きましょう。 1つ4点【12点】

① 漢字の読み方も部首もわからないとき。 □

② 漢字の読み方の一つはわかっているとき。 □

③ 漢字の部首はわかっているとき。 □

ア 音訓さくいん

イ 総画さくいん

ウ 部首さくいん

漢字辞典には、三種類のさくいんがあるよ。

2 総画さくいんを使って、次の漢字を調べます。それぞれの漢字の総画数を、（ ）に漢数字で書きましょう。 1つ3点【12点】

① 努（　　　）画　　② 兆（　　　）画

③ 包（　　　）画　　④ 参（　　　）画

3 部首さくいんでは、部首が画数順にのっています。次の漢字の部首を□に、その画数を（ ）に漢数字で書きましょう。 両方できて1つ5点【10点】

① 連　部首 □ ― 部首の画数（　　　）画

② 積　部首 □ ― 部首の画数（　　　）画

答え ▶ 124ページ

漢字辞典が身近になったかな。

5 次の漢字の部首名を　　　からいっつずつ選んで、□に記号を書きましょう。【1つ4点/24点】

① 郡　　② 建　　③ 原
④ 察　　⑤ 隊　　⑥ 国

ア　えんにょう
イ　こざとへん
ウ　おおざと
エ　うかんむり
オ　くにがまえ
カ　がんだれ

4 次の□の部首をもつ漢字を　　　からいっつずつ選んで、□に書きましょう。【1つ3点/42点】

① □…へん
② □…へん
③ □…かんむり
④ □…あし
⑤ □…にょう
⑥ □□…かまえ・かまえ
⑦ □…たれ

刷　芸
康　関
径　念
梅　照
病　起
節　図
選　類

5 漢字の音と訓

1 次の──線の漢字の読みがなを、音読みはかたかなで、訓読みはひらがなで（　）に書きましょう。

1つ4点【40点】

① 公園の周りを自転車で一周する。（　）（　）

② 菜園に植えた菜の花がさいた。（　）（　）

③ 位置を考えて、家具を置く。（　）（　）

④ 消火器で火を消す。（　）（　）

⑤ 鏡台の引き出しから手鏡を出す。（　）（　）

2 次の熟語のうち、「音読み＋音読み」の組み合わせには○を、「訓読み＋訓読み」の組み合わせには△を、（　）に書きましょう。

1つ3点【24点】

① （　）満足

② （　）花束

③ （　）巣箱

④ （　）右側

⑤ （　）最初

⑥ （　）表札

⑦ （　）散歩

⑧ （　）指輪

答えは「○」が四つ、「△」が四つだよ。

見直しするのをわすれないでね。

4 次の——線の漢字の読みがなを（　）に書きましょう。 1つ3点【18点】

③ 直
- ⑦ 気持ちを正直に話す。（　　　　）
- ⑦ 定規で直線を引く。（　　　　）

② 平
- ⑦ 世界の平和をねがう。（　　　　）
- ⑦ ケーキを平等に分ける。（　　　　）

① 然
- ⑦ 自然を大切にする。（　　　　）
- ⑦ 天然のうなぎを食べる。（　　　　）

3 次の——線の漢字の読みがなを（　）に書きましょう。 1つ3点【18点】

③
- ⑦ 幸せになる。（　　　　）
- ⑦ 幸いに天気が良かった。（　　　　）

②
- ⑦ 飯を食べる。（　　　　）
- ⑦ にぎり飯を食べる。（　　　　）

①
- ⑦ 目を覚ます。（　　　　）
- ⑦ 漢字を覚える。（　　　　）

答え ▶ 125ページ

熟語（漢字の組み合わせ）

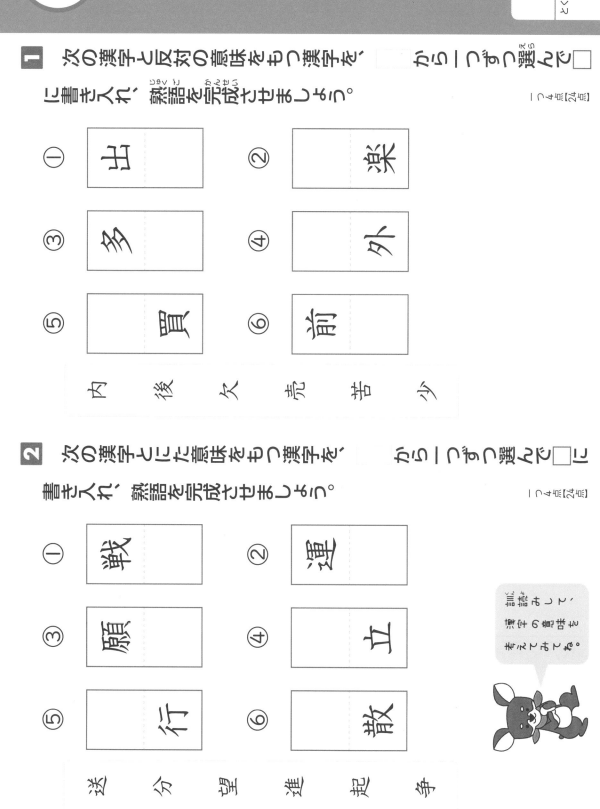

1 次の漢字と反対の意味をもつ漢字を、□から一つずつ選んで□に書き入れ、熟語を完成させましょう。

〔一つ4点【24点】〕

① 出

② 楽

③ 多

④ 外

⑤ 買

⑥ 前

内　後　欠　売　苦　少

2 次の漢字とにた意味をもつ漢字を、□から一つずつ選んで□に書き入れ、熟語を完成させましょう。

〔一つ4点【24点】〕

① 戦

② 運

③ 願

④ 立

⑤ 行

⑥ 散

送　分　望　進　起　争

訓読みして、漢字の意味を考えてみてね。

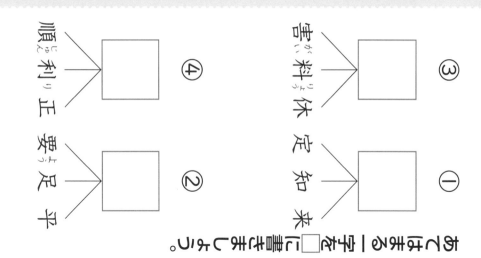

> 組み合わせがちがうと、にている漢字でも、熟語も書きまちがえますね。

5 二字の熟語ができるように、□に「不」「未」「無」のうち、あてはまる一字を書きましょう。【1つ4点/16点】

① □ ← 定 知 未

② □ ← 要 足 平

③ □ ← 書 料 休

④ □ ← 順 利 正

---

4 次の熟語と漢字の組み合わせが同じものを、□に記号を書きましょう。【1つ4点/24点】

① 森林 ── (に合わせた意味の漢字の組み) ・ □

新年　良心　思考

② 大小 ── (反対の意味の漢字の組み合わせ) ・ □

参加　退近（遠近）　終始

③ 右足 ── (上の漢字が下の漢字をくわしくする組み合わせ) ・ □

---

3 上の漢字が下の漢字をくわしくして（修飾）いる熟語を二つ選んで、○を付けましょう。【1つ4点/12点】

ア 親友 （ ）　　エ 出発 （ ）

イ 明暗 （ ）　　オ 高音 （ ）

ウ 白馬 （ ）　　カ 道路 （ ）

いろいろな意味をもつ言葉

1 次の——線の「かける」の意味を　　から一つずつ選んで、□に記号を書きましょう。

1つ4点【24点】

① かべに絵をかける。　□

② なべを火にかける。　□

③ ふとんをかける。　□

④ 手間をかける。　□

⑤ 水をかける。　□

⑥ なさけをかける。　□

ア　かぶせる。

イ　時間と労力を使う。

ウ　気持ちを向ける。

エ　ぶら下げる。

オ　上に乗せる。

カ　あびせる。

「かける」の部分にア〜カを置きかえてみて、意味が通るかたしかめてね。

2 次の——線の「足」の意味を下から一つずつ選んで、——線でつなぎましょう。

1つ5点【20点】

① 足が出る。　・

② 駅まで足をのばす。　・

③ 兄は足が速い。　・

④ 通学の足をうばわれる。　・

・ア　歩くこと。走ること。

・イ　交通の手だん。

・ウ　お金。予算。

・エ　行くこと。行き先。

言葉の意味をただしく身につけようね。

4 次の□にそれぞれ共通して入る言葉を、（　）にひらがなで書きましょう。【1つ8点/32点】

①
- 手本に□。
- 風を気に□。
- 体を横に□。

②
- 花火を□。
- 天ぷらを□。
- 大声を□。

③
- 音を□。
- 計画を□。

④
- 記録を□。
- 約束を□。
- 新聞紙を□。

①（　　　）
②（　　　）
③（　　　）
④（　　　）

3 次の漢字が、ア・イの意味で使われている言葉を、あとから選んで□に記号を書きましょう。【1つ3点/24点】

① 親
《した》しい　《おや》
□・□　□・□

ア 両親　イ 親友　ウ 親子　エ 親友

② 明
《あか》るい　《あき》らか
□・□　□・□

ア 明記　イ 明暗　ウ 照明　エ 不明

1 次の（ ）にあてはまる言葉を、□□から一つずつ選んで書き入れましょう。

一つ6点【30点】

① おじさんに会える日を、（　　　　　）を長くして待つ。

② 弟のいたずらに（　　　　　）を焼く。

③ スポーツでは、姉には（　　　　　）が立たない。

④ テストの点数が悪くて、（　　　　　）を落とす。

⑤ （　　　　　）にたこができるほど、同じ話を聞かされた。

| 手 | 足 | 耳 | 首 | 歯 | かた | うで |

2 次の慣用句の意味を下から一つずつ選んで、――線でつなぎましょう。

一つ5点【15点】

① 顔が広い ・　　　　・ ア はじをかかせる。

② 顔が売れる ・　　　　・ イ 有名になる。

③ 顔にどろをぬる ・　　　　・ ウ 多くの人とつきあいがある。

55

絵や写真を使って、この表現が何を表すかな。

4 次の（　）にあてはまる言葉を、あとから一つずつ選んで書き入れましょう。

1つ5点【20点】

① （　　　）をかりてきたように、ちょちょとして人の家に近づいた。

② 自分の失敗を（　　　）に上げて、人のせいにする。

③ 質問の答えが、（　　　）をつかむようだ。

④ 馬ちがいのなぞ、何度も（　　　）をふみます。

　お茶　　息　　虫　　たな　　へま

ア　ひたいに油を売る
イ　かぶとを売る荷が下りる
ウ　ひたいを集める
エ　さじとを投げぬく
オ　さじから集める

3 次の文は、下の慣用句の意味を表しています。か らすずつ選んだ□に記号を書きましょう。

1つ7点【35点】

① お話だけを選んで、仕事をむだに話をとりして□を書きましょう。

② 仕事を見たななけずをして、あきらめる。

③ きらめいがら、はせらみんをはたして、見せる。

④ ほっきにんるみだして、集まりすよる。相談

⑤ 負ける。ためいに参する。

56

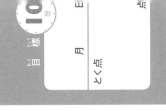
1 次の文の主語と述語を、（　）に書き出しましょう。

一つ4点【24点】

① かわいい 小鳥が、鳥かごに いる。

主語（　　　　　　　　）　述語（　　　　　　　　）

② きのう 買った 本は、とても おもしろい。

主語（　　　　　　　　）　述語（　　　　　　　　）

③ 弟が、公園で きれいな ちょうちょを つかまえた。

主語（　　　　　　　　）　述語（　　　　　　　　）

2 次の文の——線から、意味をくわしくしている言葉（修飾語）を一つ
ずつ選んで、□に記号を書きましょう。

一つ4点【16点】

① ⁷赤い ⁴夕日が ⁹しずむ。

② ⁷妹が ⁴ジュースを ⁹飲んだ。

③ ⁷親子の ⁴いるかが ⁹泳ぐ。

④ ⁷石が ⁴ころころ ⁹転がる。

こんな三つの文の組み立てがあるよ。

３ 次の──の言葉がくわしくしている言葉を、（　）に書きましょう。

一つ5点【15点】

① 母が、おいしいケーキを焼いた。（　　　）

② すずしい風が、そよそよとふく。（　　　）

③ ぼくは、公園で友達と遊んだ。（　　　）

４ 次の文の組み立てを、図に表しましょう。

一つ5点【45点】

例 白い花が、きれいにさいた。

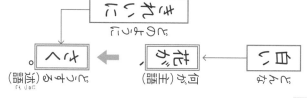

白い（どんな） → 花が（何が・主語） → さいた（どうする・述語）
きれいに（どのように）

① はげしい雨が、ザーザーふる。

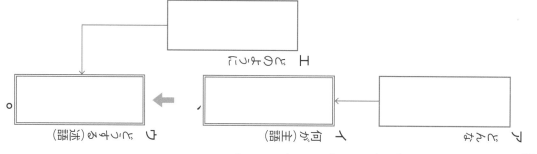

ア はげしい（どんな）
イ 雨が（何が・主語）
ウ ふる（どうする・述語）
エ ザーザー（どのように）

② 小さな子どもたちが、歌を上手に歌った。

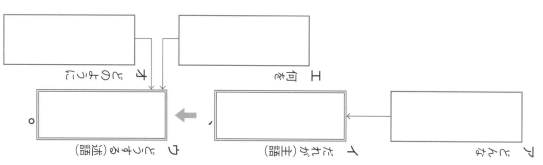

ア 小さな（どんな）
イ 子どもたちが（だれが・主語）
ウ 歌った（どうする・述語）
エ 歌を（何を）
オ 上手に（どのように）

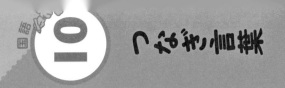

1 次の（　）に、「だから」か「しかし」のうち、あてはまるほうの言葉を選んで書き入れましょう。

一つ6点【18点】

① 何度も電話をかけた。（　　　　　　）、つながらなかった。

② 駅まで走った。（　　　　　　）、予定の電車に乗れた。

③ すっかり夜になった。（　　　　　　）、まだ暑い。

前の文の内容とあとの文の内容が、どのような関係になっているのか考えよう。

2 次の（　）にあてはまるつなぎ言葉を、　　　から一つずつ選んで書き入れましょう。

一つ7点【28点】

① 今日、行きますか。（　　　　　　）、明日行きますか。

② 雨がふり始めた。（　　　　　　）、試合は続けられた。

③ 顔をあらった。（　　　　　　）、ごはんを食べた。

④ 天気が良かった。（　　　　　　）、公園に出かけた。

しかし　それから　だから　それとも　すると

4 次の文を、意味が変わらないように、〔 〕に書きましょう。
1つ10点【30点】

① 雪がふり出したように見えて、冷たい風がふき始めた。

〔 〕

② 苦しかったが、もう一周走ることにした。

〔 〕

③ 道を曲がると、公園があった。

〔 〕

| ように |
| たとえ |
| ても |
| だから |
| ところで |

3 次の──線のはたらきと同じ働きをする言葉を、から選んで、( )に書きましょう。
1つ8点【24点】

① 歩くか。それとも、バスに乗るか。

( )

② さて、あの話はどうなりましたか。

( )

③ ドアをしめた。だが、かぎをかけた。

( )

| ように |
| ただし |
| だから |
| ところで |

二 物語文の読み取り①

目標 10分　月　日　とく点　点

1 次の文章を読んで、問題に答えましょう。【50点】

十三さいの「ぼく」は、大阪くらしをひき上げることになった。ともだちのまもる圭造とはこの日でお別れです。「ぼく」は、弟の健二、清司ら家族といっしょに、絵をプレゼントしてくれた清司らに向かった。バスターミナルに向かった。

　バスターミナルは、羽生小路から歩いて十分ほどのところにある。大きなバスターミナルで観光客でこったがえしていた。ぼくは、①まもる圭造がいないかと見まわした。けれど、どこにもいなかった。健二と清司のともだちが十人ほど見送りにきていた。バスは定刻どおりの九時四十分に出発した。バスの窓から、健二と清司が大きく手をふって、ともだちに別れをつげた。

　ぼくは②きのうからほとんどしゃべっていなかった。お母ちゃんがぼくにいろいろと話しかけてくる。ぼくはなるだけ平気な顔をして、てきとうにこたえはした。けれども、それ以上話したくなかった。

（横山充男『少年たちの夏』（ポプラ社）より）

① 「ぼく」が「①まもる圭造がいないかと見まわした」のはなぜですか。（　）にあてはまる言葉を書きましょう。(15点)

● まもる圭造が

（　　　　　　　　　　　　　　）

と思ったから。

② 「まもる圭造がいないかと見まわした」結果はどうでしたか。(20点)

（　　　　　　　　　　　　　　）

③ 「ぼく」が「②きのうからほとんどしゃべっていなかった」のはなぜですか。次から一つ選んで、記号を○でかこみましょう。(15点)

ア　遠くまでバスに乗るのがこわかったから。

イ　体の調子が悪かったから。

ウ　ともだちとの別れがつらかったから。

場面の様子が目にうかんでくるね。

2 次の文章を読んで、問題に答えましょう。

　ヘ、バスは鉄橋だ。赤く塗られた大きな鉄橋だ。それは紙の上手の斜面から土手をゆびさしてべんきょうしていた何十枚もの画用紙で、風景のえがいたように、大造佐岡橋の顔がはっきりと近づいて見えてきた。

　バスはそのまま、大きくそれをへんきょうしていた。その方向に、佐岡はまた、感じる席から肩をたたいた。

　「ほら、あれに。」

　佐岡はバスの座席から、対岸の土手をゆびさしていた。健一の「ほらあれに。」の方にうばわれていた。

　土手から紙のよこに、感じから大造佐岡橋をえがいたように、顔がはっきりと近づいて見えてきた。

　それはまた、大きな鉄橋だった。赤く塗られた大きな鉄橋だ。

横山充男『少年たちの夏』〈ポプラ社〉より
（よこやまみつお）

---

① 「①＿＿」の感じの見たものをゆびさしたのは何でしょう。次のア〜ウから一つ選んで、記号を書きますか。〔15点〕

　ア　バス
　イ　佐岡
　ウ　対岸の土手造

② 「②＿＿」は土手をゆびさしたのは、何を見たからでしょう。次の□にあてはまる言葉を書きましょう。〔1問10点・20点〕

　□に注目せて、
　何十枚もの □
　□ □ □べられた。

③ 次の□にあてはまる言葉を、次のア〜ウから一つ選んで、記号を書きましょう。〔15点〕

　ア　で□だった。
　イ　たたみこんだ。
　ウ　うかびあがった。

1 次の文章を読んで、問題に答えましょう。 【50点】

ぼくたちは、転校することになったんちゃんと、山でキャンプすることにした。その夜、二人は、山でねころがって星空を見ていた。

「ッ、ぱ。なにか聞こえねえ?」

「エッ。だれもいないよ」

つぱさは耳をすませた。

「やっぱり聞こえるよ。だれだく?　なんていってるんだく?」

「①まただ、まただ」

星がふってくるようだった。空と山の稜線が、切り絵のようにくっきりとしていた。やぶのくずの葉もはっきりと□□□□し、でこぼこの山道も、かなり先まで見える。

山の静けさ、星空の宇宙の静けさがある。物音はない。けれど、星空を見て、山の空気をすっていると、なにかを感じる。強く、よびかけられているような気がする。耳では聞きとれないが、なにかが胸に響いてくる感じなのだ。

「ほんとだ。②なにか聞こえるようだ」

※稜線……山々の輪かく。

（最上一平『夏のサイン』〈角川学芸出版〉より）

① 「まだまだ」という言葉には、どんな気持ちがこめられていますか。次から一つ選んで、記号を○でかこみましょう。 （15点）

ア　そのとおりだね。

イ　ねむくなってきたね。

ウ　変なことを言っているね。

② □□□□にあてはまる言葉を三字で書きましょう。 （15点）

```
┌──┬──┬──┐
│  │  │  │
└──┴──┴──┘
```

③ ②の「なにか聞こえるようだ」の「なにか」とは何ですか。次から一つ選んで、記号を○でかこみましょう。 （20点）

ア　夜の山を動き回る動物たちの足音。

イ　大自然からの強いよびかけのようなもの。

ウ　ときどきふく風にゆれる木々のざわめき。

2 次の文章を読んで、問題に答えましょう。【50点】

　光というのは、星空を見ていると、①ジーンと細かいところまでしみとおっていくような気がする。それは、三日後に、わたしたちに届いた光を見ているからだ。星空を見ると、とても悲しい気持ちになることもある。

　なぜかというと、あの星の光は、今見ている光であっても、あの星は、もうない星もあるからだ。その星の光は、ずっと昔の空をはなれてから、何億光年もかかって、今、わたしたちに届いているのだ。

　何億光年もかかって、あの星の光があることだってある。その星は、もうとっくにほろんでいて、今はない星も。

　あの星を見ていると、気の遠くなるような②そうだったのか、と思う。

　ずっと昔の空をはなれてから、あの星の光が、今、気の遠くなるような何億光年もかかって、地球にとどいて、あの星を見ていることになるのだ。

　それでも、人の一生なんて、とても小さい。星は奇跡みたいにあって、何億光年もかなたの星空の下で、③今を楽しもう。

（最上平『夏のサイン』〈角川学芸出版〉より）

① 「①ジーン」とは、星の光がどのように思えたからですか。次の〔　〕から選んで、記号を〇で囲みなさい。(15点)

　ア　みるみるうちに星が増えていくようす。

　イ　感じるみちたりた星が雲で見えないようす。

　ウ　いつまでもかがやきつづける星のようす。

② 「②そうだったのか」とは、どういうことについていったことばですか。□にあてはまる言葉を書きなさい。(15点)

　あの星の光は、□□□□□にしみとおっていくように

③ 「③今を楽しもう」とは、どのようにしていますか。(20点)

（　　　　　　　　　　　　　）

13 説明文の読み取り①

1 次の文章を読んで、問題に答えましょう。 【50点】

1 アフリカ象は、十頭くらいのむれを作ってくらしています。むれは、ナ十頭以外はすべてめす、 いちばん年をとったおばあさん象がリーダーになっています。むれの象はみんな親せきで、おばあさん象のむすめや、そのむすめの子どもなどです。むすめは、大人になるとむれにいますが、おすは、子どものときだけむれにいますが、大人になるとむれから出ていき、一人でくらします。

2 象はとても記おく力がよい動物です。今はここに行けば食べ物がたくさんあるか、雨のふらない時季にはどこで水が飲めるかなど、経験にもとづいておばあさん象がむれを移動させます。たくさんの象の記おくにたよって、ゆたかなおばあさん象がむれを動させます。

3 むれの一頭が病気になったとき、むれは、両側からささえてやります。それでも、病気が重くてたおれ象が死んでしまうと、むれはその場所に何日かとどまって、死んだ象を見守ります。

（文・伊藤年一）

① 象のむれの説明に合うものを、次から一つ選んで記号を○でかこみましょう。 (15点)
ア 大人のめすと、子どものおすとめすでくらしている。
イ めすだけでくらしている。
ウ めすとおすが同数くらいでくらしている。

② 2 だん落をまとめた次の文の □ にあてはまる言葉を、四字で書きましょう。 (20点)
● 象は □ がとてもよい動物である。

③ 象が死ぬと、むれのなかまはどうしますか。次から一つ選んで記号を○でかこみましょう。 (15点)
ア 両側からささえてやる。
イ 死んだ場所で何日か見守る。
ウ すぐにその場から立ち去る。

65

2 次の文章を読んで、問題に答えましょう。

（文・伊藤年一）

ぞうはえさの草木が一年以上たてば、次のえさの同じ所に来るようになります。

ぞうはえさの草やむれが同じ場所に長くいると、その葉を食べくしてしまうためです。そのため、えさの草やむれが少し。

ぞうはえさばなれた場所へ来るときは、たいてい同じ場所に来るようになります。

ぞうのむれが移動するのは、その葉を食べつくしてしまうためです。

ぞうは死ぬときには、いっしょうけんめいにだれもいないしずかな場所をさがして、そこへだけいこうとします。なぜかはわかっていませんが、ぞうが死んだ場所をさがしだけのようにも思います。

ぞうは死ぬときにも移動して、そのたおれた正かくに見つけだすことができだんです。

ぞうはそのたおれた場所に死にます。はそこにたおれて死ぬ。このとおり、ぞうのはか場。

このように、死んだぞうを見ているように見えます。

① ・象の●
「その場所」とは、どこですか。あてはまる言葉を書きましょう。（一つ10〔20点〕）

象のむれは、[   ]を食べつくすと、辺りの草や木の葉を食べつくすと、同じ所に[   ]いることができないから。

象のむれがいどうしているのは、なぜですか。あてはまる言葉を書きましょう。

② 「その場所」とは、どこですか。〔15点〕

[   ]

③ 「その場所」を、六字でぬき出して、何を表現していますか。〔15点〕

[   ]

象のむれは、[   ]ので、同じ所に長くいることができないから。

1 次の文章を読んで、問題に答えましょう。【50点】

学校やデパートなどで、みなさんも緑の走る人のマークを見たことがあるでしょう。これは、非常口の位置を表すマークです。

実は、マークの後ろが緑のものと、白いものの二種類があり、意味がちがいます。

マークの後ろが緑のものは、非常口がある場所につけられています。「ここが出口ですよ」という意味です。これを目印にすれば、火事のときでも非常口から出ることができますね。

そして、マークの後ろが白いものは、非常口からはなれた場所につけられています。「矢印のほうに行けば、非常口がありますよ」という意味なのです。建物の中について、ひなんするとき、白いマークを見つけたら、順にたどっていくと、非常口に行けます。

この非常口のマークは、今や世界中で使われています。

（高橋みか「建物の中で見かける緑の走る人のマークは、どんな意味があるの？」『なぜ？どうして？身近なぎもん 4年生』（学研プラス）より）

① 非常口のマークは、どのようなマークですか。（ ）に書きましょう。（15点）

・（ ）のマーク。

② 「マークの後ろが緑のものと、白いもの」は、それぞれどのような場所につけられていますか。（ ）に書きましょう。一つ10点【20点】

・緑のもの
非常口が（ ）。

・白いもの
非常口から（ ）。

③ この非常口のマークは、どこで使われていますか。次から一つ選んで、記号を〇でかこみましょう。（15点）

ア 日本だけで使われている。

イ 世界中で使われている。

ウ アジアで使われている。

マークの色には意味があるんだね。

2 次の文章を読んで、問題に答えましょう。 【50点】

〈高橋みき『なぜ？どうして？身近なぎもん 4年生』より〉

この「なぜ？どうして？」の本の中で見かける身近な人のマークのような線の走る人の…マークの意味などについての4年生向けの文章があります。

公共の場所には、いろいろなマークがあります。マークの色は、使われている場所や、伝えたい内容によって使い分けられています。

赤色は、「きけん」や「禁止」をうながすときに使われます。目立つ色なので、人の目につきやすく、注意をうながすのに役立ちます。非常電話だけを利用してひなんして、消火器などへ、非常ベルなどの設置ち場所など、非常時のマークのほうにも、赤色が使われています。

黄色は、「注意」をうながすときに使われます。駅のホームのはしを表すマークのように、注意をうながすのにも、黄色が使われています。

緑色は、「安全」を表すときに使われます。非常口のマークのように、安全な場所や伝えたい内容を表すのに、緑色が使われています。

青色は、公共の…内容を伝えたい…

① 「公共の場所にあるマークの色について書かれた文しょうです。「公共の」のマークの色は使われている場所などにあうように使われているね」の、どのようなことを表しているでしょう。□にあてはまる記号を〔　〕から一つずつ選んで書きましょう。
【1問8点×4＝32点】

　ア　注意をうながす場所やルールを表す。
　イ　安全な場所やルールを表す。
　ウ　禁止の場所やルールを表す。
　エ　安全や禁止の場所やルールを表す。

〔　〕（ア）緑　　□（イ）青

〔　〕（ウ）黄　　□（エ）赤

② 非常ホットマークや消火器などが赤色なのはどうしてでしょうか。〔　〕に赤色などが赤色なのは、きやすく禁止を表す色だから。
【18点】

詩の読み取り

1 次の詩を読んで、問題に答えましょう。　【50点】

春

間所ひさこ

① 山が雪ぶって
　せいのびすると
　ほッ
　春だ。

　　（第一連）

② 山ひだの
　やわらかなかげをみてごらん。
　「おうい」と
　よんでみたくなる。

　　（第二連）

梅がさいた。
こぶしがさいた。
　いぬふぐり。
　なのはな。

　　（第三連）

春がとけて
ほじけて
こころあたりのけしきを
やさしい色にぬっていく。

　　（第四連）

（間所ひさこ『新・詩のランドセル　3ねん』〈らくだ出版〉より）

① 「山が雪ぶって／せいのびすると」の中の、「ぶって」の意味を、次から一つ選んで、記号を○でかこみましょう。（15点）

ア 空から少し落として。
イ いきおいよくはらって。
ウ 力強くはげまして。

② 「やわらかなかげ」とは何を表していますか。次から一つ選んで、記号を○でかこみましょう。（15点）

ア 雪が新しく積もった様子。
イ 暗くて光がとどかない様子。
ウ 雪がとけた山はだの様子。

③ 春をむかえて、はずんでいる作者の気持ちが直接表現されているのは、どの連ですか。（20点）

● 第　　　連

2 次の詩を読んで、問題に答えましょう。

【50点】

はっぱのいうことを
ねっこはきいてくれない
ねっこがきいてくれたら
はっぱはゆうびんやさんに
なれるのに

ねっこのいうことを
はっぱはきいてくれない
はっぱがきいてくれたら
ねっこはゆうびんやさんに
なれるのに

　　　　　　　　　　新沢としひこ

（新沢としひこ『みんなともだちみんなで生きてる』理論社）より

① ——「いうこと」とは、だれが何をいうのですか。「〇〇が〇〇をいう」と書きましょう。（完答20点）

（　　　　　　　　）が（　　　　　　　　）をいった。

② ——「いうこと」とは、どういうことですか。次から一つ選んで、記号を〇でかこみましょう。
【15点】

ア 係なくそれぞれそれぞれでいること。

イ 係ないそれぞれそれぞれが自分だけのせかいでいきていること。

ウ 世界をそれぞれがつくっているの関係。

③ ——線を引きながら、詩の中にないことばをさがしていますか。
【15点】

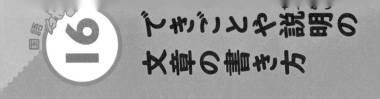

16 できごとや説明の文章の書き方

1 下の絵を見て、朝起きてから学校に出かけるまでの事がらを、それぞれの言葉に続けて、一文ずつ書きましょう。

一つ10点【40点】

朝、六時に目が覚めました。

① はじめに、

② 次に、

③ それから、

④ 最後に、

いつもどおり、七時半に水口君が家にむかえに来てくれたので、

「行ってきます。」

と、元気にあいさつして家を出ました。

作文が好きになってきた？

④ 最後に、

③ それから、

② 次に、

① はじめに、

休日に [　] へ行きました。
をしました。

最初の[　]に行くことをつたえよう。たとえば３つを書いてね。

―１年生【作文】

2 休日に、あなたは何をしましたか。また、何をしに、どこへ行きましたか。①～④のそれぞれの言葉に続けて書きましょう。④の言葉に続けて、文章を完成させましょう。

目標 10分

月　日　とく点　点

1 手紙には、次のような内容の順にそって書く型があります。それぞれの内容にあてはまるものを　　から選んで、□に記号を書きましょう。

一つ4点【24点】

① 初めのあいさつ　□・□

↓

② 本文　□

↓

③ 結びのあいさつ　□

↓

④ 後づけ　□・□

ア 日づけ
イ 季節の言葉
ウ 別れのあいさつ
エ 自分のしょうかい
オ 自分の名前と相手の名前
カ 伝えたいこと

2 次の手紙の型の①、②に合う言葉を、あとから三つずつ選んで、□に記号を書きましょう。

一つ4点【24点】

① 初めのあいさつ　□・□・□

② 結びのあいさつ　□・□・□

ア こんにちは。
イ またお会いできますよう。
ウ さようなら。
エ お体に気をつけてください。
オ はじめまして。
カ ごぶさたしています。

おたよりは、手紙を書くとき、相手のことを考えることが、大事になりますね。

3 次の手紙は、市の博物館の広報の田中さんあてに書かれたものです。これを読んで、問題に答えましょう。　【52点】

> はじめまして。わたしは、山岡小学校四年一組の河合ゆいといいます。
> 今度、町の秋祭りについて調べることになりました。ついては、秋祭りの資料があ
> りましたら、秋祭りについて〔　１　〕お送りくださるようお願いいたします。
> お手紙をくださるときは、ていねいに切手を入れておきます。よろしくお願いいたし
> ます。
> 暑くなってきましたので、〔　２　〕。
>
> 　〔　ア　〕
> 　六月十五日
> 　〔　イ　〕

① 〔　１　〕にあてはまる言葉を書きましょう。秋祭りの資料について、お願いする言葉は、どのように書きましょう。（20点）

② 〔　２　〕にあてはまる言葉を書きましょう。手紙の結びのあいさつを、相手の健康を気づかう言葉を使って書きましょう。（20点）

③ 相手の名前は、ア・イのどちらに書きますか。記号で答えましょう。（12点）

月　　日　　**10**分

とく点

点

1 音声を聞き，①〜③は読まれたアルファベットを大文字で，④〜⑥
は小文字で書きましょう。 1つ3点【18点】

大文字　　① 　　② 　　③

小文字　　④ 　　⑤ 　　⑥

2 音声を聞き，（例）にならって，それぞれアルファベットの大文字
と小文字を書きましょう。 1つ5点【15点】

（例） 　　①

②　　③

3 上の小文字に対する大文字を下から選んで，線でつなぎましょう。
1つ3点【15点】

① 　② 　③ 　④ 　⑤

P　　J　　B　　H　　M

4 アルファベットの順になるように，①〜④は □ に大文字を，⑤〜⑧は小文字を書きましょう。

1つ5点【40点】

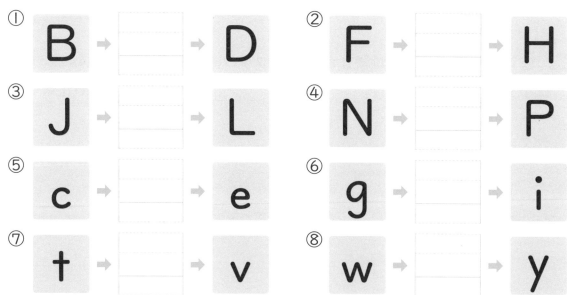

① B → □ → D
② F → □ → H
③ J → □ → L
④ N → □ → P
⑤ c → □ → e
⑥ g → □ → i
⑦ t → □ → v
⑧ w → □ → y

5 アルファベットの順に，A→a→B→b のように大文字→小文字の順で進み，ゴールしましょう。ただし，ななめには進めません。

【12点】

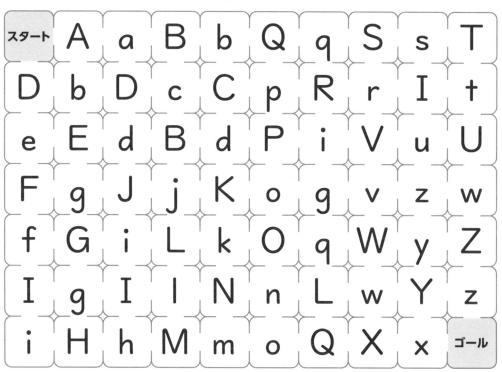

スタート	A	a	B	b	Q	q	S	s	T
D	b	D	c	C	p	R	r	I	t
e	E	d	B	d	P	i	V	u	U
F	g	J	j	K	o	g	v	z	w
f	G	i	L	k	O	q	W	y	Z
I	g	I	I	N	n	L	w	Y	z
i	H	h	M	m	o	Q	X	x	ゴール

アルファベットの大文字と小文字はセットにして覚えておこう！

答え ▶ 129ページ

月　日　10_分

とく点

点

1 音声を聞き，声に出して読みながらなぞりましょう。そのあと，下
に書いてみましょう。

1つ10点【20点】

① サッカーをしましょう。

Let's play　　　　　　.

★「〜しましょう」とさそうときは，Let's を使います。

② はい，そうしましょう。

Yes, let's.

★同意するときには Yes, let's. と言い，ことわるときには Sorry. などと言います。

2 音声を聞き，読まれた英語(えいご)に合うものを右の　　の中から選(えら)んで，
　　に書きましょう。

1つ7点【28点】

① おにごっこ

② サッカー

③ トランプ

④ ドッジボール

cards

tag

dodgeball

soccer

3 音声を聞き，読まれた英文(えいぶん)に合う絵を下のア〜ウから選(えら)んで，記号を（　）に書きましょう。

5

1つ4点【12点】

① （　　　）　　② （　　　）　　③ （　　　）

ア 　　イ 　　ウ

4 日本語に合う英語になるように，□に当てはまるアルファベットを書き入れましょう。

1つ7点【14点】

① ドッジボール

② 野球

5 日本語に合う英語を右から選んで，線でつなぎましょう。

1つ6点【18点】

① サッカーをする ●　　　　　● play cards

② トランプをする ●　　　　　● play video games

③ テレビゲームをする ●　　　● play soccer

6 日本語に合う英文になるように，□に当てはまる英語を書き入れましょう。

【8点】

おにごっこをしましょう。

_____ play tag.

 友だちをさそう言い方は覚(おぼ)えられたかな？

答え ▶ 129ページ

1 音声を聞き，声に出して読みながらなぞりましょう。そのあと，下
に書いてみましょう。

6

1つ8点【16点】

① あなたはえんぴつを持っていますか。

Do you have a _____ ?

_____

★持っているかどうかをたずねるときは，Do you have ～?と言います。

② はい，持っています。

Yes, I do.

_____

★持っていないときは，No, I don't. と答えます。

2 音声を聞き，読まれた英語に合うものを右の□の中から選んで，
□に書きましょう。

7

1つ8点【32点】

① ペン

_____

② じょうぎ

_____

③ ホチキス

_____

④ ノート

_____

| notebook |
| ruler |
| pen |
| stapler |

3 音声で，それぞれの絵について，アとイの英語が読まれます。絵に合うほうを選んで，記号を〇でかこみましょう。　1つ4点【12点】

① （ ア　イ ）　　② （ ア　イ ）　　③ （ ア　イ ）

4 筆箱の中には何が入っていますか。文字をなぞりましょう。　1つ5点【20点】

① eraser　　② pen

③ marker　　④ pencil

5 日本語に合う英語を右から選んで，線でつなぎましょう。　1つ4点【12点】

① ノート　　　　ruler

② じょうぎ　　　stapler

③ ホチキス　　　notebook

6 日本語に合う英文になるように，□ に当てはまる英語を書き入れましょう。　【8点】

あなたは消しゴムを持っていますか。

Do you ＿＿＿ an eraser?

自分の持っている文ぼう具を英語で言ってみよう。

答え ▶ 129ページ

1 音声を聞き，声に出して読みながらなぞりましょう。そのあと，下
に書いてみましょう。　　　　　　　　　　　　　1つ10点【20点】　　9

① 天気はどうですか。

How's the _____ ?

★ how は「どんなふうで」，weather は「天気」という意味です。

② 晴れです。

It's _____ .

★ It's のあとに，天気を表すことばを続けます。

2 音声を聞き，読まれた英語に合うものを右の□□の中から選んで，
□ に書きましょう。　　　　　　　　　　　　1つ8点【32点】　10

① 雨ふりの

② 寒い

③ 晴れの

④ 雪のふる

cold

snowy

rainy

sunny

81

3 音声を聞き，読まれた英文に合う絵を下のア～ウから選んで，記号を（　　）に書きましょう。

1つ6点【18点】

① （　　　）　　② （　　　）　　③ （　　　）

ア　　　　　　　　　　　イ　　　　　　　　　　ウ

4 絵を見て，質問の答えとして合うほうを選び，記号を○でかこみましょう。

1つ7点【14点】

① How's the weather?
　ア　It's cloudy.
　イ　It's sunny.

② How's the weather?
　ア　It's snowy.
　イ　It's rainy.

5 日本語に合う英文になるように，　　に当てはまる英語を書き入れましょう。

1つ8点【16点】

①

天気はどうですか。

_____ the weather?

②

くもりです。

It's _____ .

英語で天気も言えるようになったね！

答え ▶ 130ページ

何時ですか？／
大きな数

1 音声を聞き，声に出して読みながらなぞりましょう。そのあと，下に書いてみましょう。　　　　　　　　　　　　1つ10点【20点】　🎵**12**

① 何時ですか。

What　　　is it?

★ What time で「何時」という意味です。

② 12時30分です。

It's　　　　　　.

★ It's のあとに，時こくを表すことばを続けます。

2 音声を聞き，読まれた英語に合うものを右の□の中から選んで，□に書きましょう。　　　　　　　　　1つ8点【32点】　🎵**13**

① 20

② 30

③ 50

④ 40

| fifty |
| forty |
| twenty |
| thirty |

3 音声で，それぞれの絵について，アとイの英文_{えいぶん}が読まれます。絵に
合うほうを選_{えら}んで，記号を〇でかこみましょう。　　1つ6点【18点】

14

① （ ア　イ ）　　② （ ア　イ ）　　③ （ ア　イ ）

4 時計の時こくに合う英語を選んで，線でつなぎましょう。　　1つ6点【18点】

①　　　　　　　　②　　　　　　　　③

ten thirty　　　　twelve fifty　　　　eleven forty

5 日本語に合う英文になるように，□ に当てはまる英語を書き入れましょ
う。　　1つ6点【12点】

① 何時ですか。

What ⬚ is it?

② 1時20分です。

It's one _____ .

 今，何時かな？ 今の時こくを英語で言ってみよう！

答え ▶ 130ページ

1 音声を聞き，声に出して読みながらなぞりましょう。そのあと，下に書いてみましょう。

1つ8点【16点】

15

① 何曜日ですか。

What　　　　is it?

★ What day で「何曜日」という意味です。

② 月曜日です。

It's　　　　　　　　.

★曜日は大文字で書き始めます。

2 音声を聞き，読まれた英語に合うものを右の □ の中から選んで，□ に書きましょう。

1つ8点【32点】

16

① 日曜日

② 金曜日

③ 火曜日

④ 土曜日

Friday
Sunday
Saturday
Tuesday

3 音声を聞き，読まれた順になるように，ア～エのイラストをならべ
かえて，（　　　）に記号を書きましょう。

17

1つ6点【24点】

（　　　→　　　→　　　→　　　）

ア

イ

ウ

エ

4 日本語に合う英語になるように，□に当てはまるアルファベットを書きま
しょう。

1つ8点【16点】

① 水曜日

ednesd

② 火曜日

ues　　y

5 絵を見て，質問の答えとして合うほうを選び，記号を○でかこみましょう。

1つ6点【12点】

① What day is it?

ア　It's Saturday.

イ　It's Tuesday.

② What day is it?

ア　It's Friday.

イ　It's Monday.

曜日を順番に言えるようにしておこう！

答え ▶ 131ページ

月　日　　10分

とく点

点

1 音声を聞き，声に出して読みながらなぞりましょう。そのあと，下
に書いてみましょう。　　　　　　　　　　　　　　1つ8点【16点】　**18**

① あなたは何がほしいですか。

What do you want?

★ want は「～がほしい」という意味です。

② わたしはバナナが1本ほしいです。

I want a _____.

★ほしいものを伝えるときは，I want ～. と言います。

2 音声を聞き，読まれた英語に合うものを右の□の中から選んで，
□に書きましょう。　　　　　　　　　　　　　　1つ8点【32点】　**19**

① にんじん

② たまねぎ

③ じゃがいも

④ もも

potato
peach
carrot
onion

3 音声を聞き，読まれた英文（えいぶん）に合う絵をアとイからそれぞれ選んで（えら），記号を（　　）に書きましょう。

1つ4点【12点】

① （　　）　　② （　　）　　③ （　　）

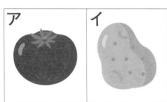　　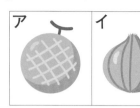

4 女の子がほしいものは何ですか。①〜⑤の日本語を英語にしましょう。そして，□にできた単語（たんご）を　　　　に書きましょう。

1つ5点【30点】

① トマト　| t |　| m |　| t |　|

② もも　|　|　|　| c | h |

③ りんご　| a |　|　| e |

④ たまねぎ　|　| n |　|　| n |

⑤ バナナ　| b | a |　|　|　| a |

⑥ **I want a** ＿＿＿＿＿＿＿＿＿＿ **.**

5 日本語に合う英文になるように，　　　　に当てはまる英語を書き入れましょう。

【10点】

あなたは何がほしいですか。

What do you ＿＿＿＿＿＿＿＿ **?**

野菜や果物（やさい　くだもの）の言い方はこれでばっちりだね。

答え ▶ 131ページ

① わたしたちの県

※この単元は，都道府県の地形や交通，産業の特色を学習することが目的です。お使いの教科書・授業で取り上げられる県と異なる場合があります。

1 宮城県について，次の地図を見て，あとの問いに答えましょう。　1つ9【54点】

地図1

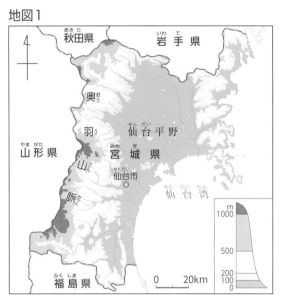

地図2

① 宮城県と陸地でせっしている都道府県は，いくつありますか。数字で答えましょう。
（　　　　　　）

② 地図1を見て，宮城県の地形の特色について正しくのべているものを次のア～工から2つ選び，記号で答えましょう。

ア　北部には川が多いが，南部には川がほとんどない。

イ　県の西部にけわしい山が多い。

ウ　県の北部が仙台湾に面している。

工　県の中央に平野が広がっている。　（　　　　）（　　　　）

③ 地図2を見て，次のあ～うのうち，宮城県の交通について正しくのべているものには○を，まちがってのべているものには×をつけましょう。

あ（　　　）宮城県と山形県を結ぶ鉄道は仙山線だけである。

い（　　　）海ぞいに交通は発達していない。

う（　　　）東北新幹線と東北自動車道が南北に通っている。

2 福岡県について，次の問いに答えましょう。

①10点，②12点【22点】

① 右の写真は，福岡県が面している有明海での養しょくの様子です。写真で養しょくされているものを，次のア～エから1つ選び，記号で答えましょう。

(ピクスタ)

ア のり 　　イ わかめ
ウ ぶり 　　エ まだい

（　　　　）

② 右の地図中の北九州市は，福岡県でもっとも工業製品の生産額が多い市です。北九州市で工業がさかんな理由をのべた次の文の　　　　をうめましょう。

◇ 北九州市は，　　　　　　　　　ので，船で大量の原料を運んできたり，大きくて重たい製品を送り出したりするのに便利だから。

（　　　　　　　　　　　　）

3 岡山県について，次の問いに答えましょう。

1つ8点【24点】

① 岡山県では晴れの日が多い気候をいかして，温室を使ったマスカットの生産がさかんです。このように地いきの特色をいかしてつくられるものを何といいますか。

（　　　　　　　　　　）

② 次のあ，いのうち，岡山県の特色について正しくのべているものには○を，まちがってのべているものには×をつけましょう。

あ（　　　）倉敷市では昔のまちなみを残すためにきまりを定めている。
い（　　　）瀬戸大橋で四国の愛媛県と結ばれている。

自分の住んでいる都道府県の特色は何かな？

答え ▶ 132ページ

2 水はどこから

1 きれいな水をつくるしせつについて，次の問いに答えましょう。1つ8点【48点】

① 川から取り入れた水をきれいにして，わたしたちが安心して飲むことのできる水をつくっているしせつを何といいますか。

（　　　　　　　　　）

② 次の図は，①のしせつが家庭や学校へきれいな水を送るまでを表したものです。下のあ～うの役わりをはたしている場所を，図中のア～ウから|つずつ選び，記号で答えましょう。

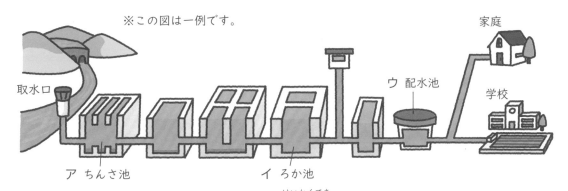

※この図は一例です。

取水口　ア ちんさ池　イ ろか池　ウ 配水池　家庭　学校

　あ　きれいになった水をためて，計画的に送り出す。
　い　取り入れた水の中のすなやごみをしずめる。
　う　ちんでん池でしずまなかったごみを，すなの層を通して取りのぞく。

あ（　　　　）　い（　　　　）　う（　　　　）

③ ①のしせつは，家庭や学校へ送る水の細きん，にごりなどをけんさして，飲んでも体に害がないかを調べています。このけんさを何といいますか。

（　　　　　　　　　）

④ きれいになった水は，①のしせつから何を通って，家庭や学校へとどけられますか。

（　　　　　　　　　）

2 ダムや森林について，次の問いに答えましょう。　⑤10点，ほかは1つ7点【52点】

① ダムには，さまざまな役わりがあります。次の㋐～㋒のうち，ダムの役わりとして正しいものには〇を，まちがっているものには×をつけましょう。

㋐（　　　）川の水をきれいにして，家庭や学校に水を送っている。

㋑（　　　）電気をつくるのに利用されている。

㋒（　　　）水をためたり流したりして川の水の量を調整する。

② 川の上流にある水源の森林は，「緑のダム」とよばれます。このようによばれる理由として正しいものを次のア～ウから1つ選び，記号で答えましょう。

ア　森林の木を切って，ダムをつくっているから。

イ　ふった雨水を地中にたくわえて少しずつ流し出す，ダムのようなはたらきをしているから。

ウ　たくさんの動物がすんでいて，それらに水や食べ物をあたえているから。

（　　　　　　　）

③ 家庭や学校で使ったあとのよごれた水を集めてきれいにし，川や海に流しているしせつを何といいますか。

（　　　　　　　　　　　　）

④ ③のしせつから川や海に流された水は，じょう発して雲となり，その後雨となって地上にふります。このように，水が地上と空をまわっていることを何といいますか。かい答らんに合わせて答えましょう。

（水の　　　　　　　　　　）

⑤ 水はかぎられたしげんなので，むだづかいしてはいけません。そのために，わたしたちの家庭でできることを1つ答えましょう。

（　　　　　　　　　　　　　　　　）

わたしたちが使う水の通り道がわかったね！

答え ▶ 132ページ

③ ごみのしょりと利用

1 ごみのしょりについて，次の問いに答えましょう。　1つ6点【48点】

① ごみを種類ごとに分けて出すことを何といいますか。漢字2字で答えましょう。

（　　　　　　　）

② 次のあ〜うのごみに分けられる物を，下のア〜ウの絵から1つずつ選び，記号で答えましょう。

あ　もえないごみ　　　い　そ大ごみ　　　う　もえるごみ

ア

イ

ウ

あ（　　　　）　い（　　　　）　う（　　　　）

③ 次のあ〜うのしげん物は，リサイクルされて新しい製品に生まれ変わります。どのような物に生まれ変わりますか。下のア〜エから1つずつ選び，記号で答えましょう。

あ　ペットボトル　　い　紙パック　　う　ジュースのかん

ア　アルミ・鉄製品　　イ　服　　ウ　びん　　エ　トイレットペーパー

あ（　　　　）　い（　　　　）　う（　　　　）

④ せいそう工場の仕事として正しいものを次のア〜エから1つ選び，記号で答えましょう。

ア　しげん物をリサイクルして，新しい製品をつくっている。

イ　もえるごみをもやして，後に残るはいをしょぶん場へ運んでいる。

ウ　もやした後に残るはいを，最終的にほぞんしている。

エ　リサイクルした製品をはん売している。

（　　　　）

2 昔と今のごみしょりやごみをへらすための取り組みについて，次の問いに
答えましょう。

①10点，ほかは1つ6点【52点】

① 右の絵は，昔と今のごみしょりの
様子です。昔のごみしょりの問題点
を衛生面（えいせいめん）から答えましょう。

(　　　　　　　　　　　　　　　　　　　)

② 今，ごみしょりがかかえる問題として<u>まちがっているもの</u>を，次のア〜
エから1つ選（えら）び，記号で答えましょう。
ア　ごみの分別（ぶんべつ）のルールを守らない人がいる。
イ　けい帯（たい）電話などのしょりしにくいごみがふえている。
ウ　人口がどんどんふえ，ごみの量（りょう）もふえ続（つづ）けている。
エ　新しいしょぶん場をさがさなくてはいけない。　　　　(　　　　)

③ ごみをへらすための取り組みとして，「3R（スリーアール）」があります。「3R」とは，
⑧リデュース，⑩リユース，⑨リサイクルの3つをいいます。それぞれの
意味を次のア〜ウから1つずつ選び，記号で答えましょう。
ア　必要（ひつよう）ではない物を買わないなどして，ごみになる物をへらす。
イ　くり返し使える物を何度も使い，ごみになる物をへらす。
ウ　ごみをしげんに変（か）え，ふたたび利用（りよう）する。
　　　　　　⑧ (　　　　) ⑩ (　　　　) ⑨ (　　　　)

④ ごみをへらすための取り組みについて，次の⑧〜⑨のうち，正しいもの
には○を，まちがっているものには×をつけましょう。
⑧ (　　　) 買い物のとき，エコバッグ（マイバッグ）を持って行く。
⑩ (　　　) いらなくなった物を，フリーマーケットで売る。
⑨ (　　　) 食事のときは，あらわなくてすむ使いすての食器（しょっき）を使う。

ごみをへらすためにできることを考えてみよう！

答え ▶ 132ページ

④ 災害からくらしを守る

1 次のA～Cの自然災害（しぜんさいがい）について，あとの問いに答えましょう。

④8点，ほかは1つ7点【50点】

| A　地震（じしん）　　B　台風や集中ごう雨　　C　津波（つなみ） |

① A～Cの自然災害では，どんなひ害が出ますか。次のア～ウから1つず
つ選び（えら），記号で答えましょう。

ア　低い（ひく）ところが水につかったり，川がはんらんしたりする。

イ　大きな波が来て，家や車などをおし流す。

ウ　大きなゆれで建物（たてもの）や道路などがこわれる。

A（　　　　）　B（　　　　）　C（　　　　）

② 次のあ，いのしせつやせつびは，どんな自然災害にそなえたものですか。
上のA～Cから1つずつ選び，記号で答えましょう。

（ピクスタ）

（ピクスタ）

あ（　　　　）　い（　　　　）

③ 右の写真は，自然災害にそなえて，トイレや毛（もう）
布（ふ）などをほかんしている倉庫（そうこ）です。この倉庫を何
といいますか。　　　　　（　　　　　　　　　　）

（Issey Hattori／PPS通信社）

④ 自然災害にそなえて市や県がつくるハザード
マップは，どんなことをしめした地図ですか。かんたんに答えましょう。

（　　　　　　　　　　　　　　　　　　　　　　　　）

95

2 自然災害へのそなえについて，次の問いに答えましょう。

①8点，ほかは1つ7点【50点】

① 右の写真の道具は，地震にそなえたものです。どんなこうかがありますか。かんたんに答えましょう。

（　　　　　　　　　　　　　　　）

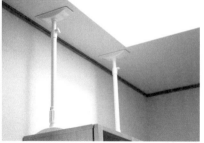

（ピクスタ）

② 自然災害によって電話がつながりにくくなったときに，災害用伝言ダイヤルを利用すれば，家族などに伝言を残すことができます。災害用伝言ダイヤルの番号を次のア～エから1つ選び，記号で答えましょう。

ア　171番　　イ　119番　　ウ　117番　　エ　110番　（　　　　）

③ 市や県は，自然災害が起きたときに，どのように救助や消火をしたり，じょうほうを伝えたりするかなどをあらかじめ定めています。これを何といいますか。

（　　　　　　　　　　　）

④ 市などは，自然災害によるひ害のじょうほうなどを，どんな方法で住民に伝えていますか。次のア～エから2つ選び，記号で答えましょう。

ア　防災無線　　　　　イ　パンフレット
ウ　緊急地震速報　　　エ　防災メール　　　（　　　）（　　　）

⑤ 地いきの人でつくる自主防災組織は，どんな活動をしていますか。次のア～エから2つ選び，記号で答えましょう。

ア　津波がやってくる時間と高さの予報を出す。

イ　市役所などからのじょうほうを住民にすばやく正しく伝える。

ウ　住民を，ひなん場所まですばやく安全にゆうどうする。

エ　津波ひなんビルをつくる。　　　　　　　（　　　）（　　　）

ふだんから自然災害にそなえておくことが大事だね！

答え ▶ 132ページ

5 きょう土をひらく

1 地いきに古くから残る(のこ)ものについて，次の問いに答えましょう。

②10点，ほかは1つ7点【52点】

① 次の文のあ～うにあてはまる言葉を下のア～エから1つずつ選び(えら)，記号で答えましょう。

◇ きょう土芸(げい)のう（伝統(でんとう)芸のう）には，歌や 　あ　 などがある。

◇ 人びとは祭りを通して，おたがいの 　い　 を強めることができる。

◇ 古い建物(たてもの)の中には，県や市などが 　う　 としてしっかりほぞんしていくことを決めたものもある。

ア 文化ざい　　イ 結(むす)びつき　　ウ スポーツ　　エ おどり

あ（　　　　）い（　　　　）う（　　　　）

② 右の写真は，地いきの人が小学校できょう土芸のうを教えている様子です。これには，どんな願(ねが)いがこめられていますか。

（　　　　　　　　　　　　　　　　）

（大塚知則／PPS通信社）

③ 毎年決まった時期に行われる伝統行事を，年中行事といいます。次のあ～うの絵は何という年中行事ですか。あてはまるものを下のア～エから1つずつ選び，記号で答えましょう。

あ

い

う

ア 七五三　　イ おぼん　　ウ 七夕(たなばた)　　エ 節分(せつぶん)

あ（　　　　）い（　　　　）う（　　　　）

2 熊本県にある通潤橋について、次の問いに答えましょう。　1つ8点【24点】

① 右の図は、通潤橋の水の流れをしめしたものです。図を参考にして、次の文の あ と い にあてはまる言葉を答えましょう。

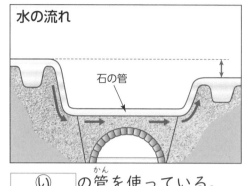

水の流れ

石の管

◇ 右側と左側で ［ あ ］ がちがうように橋をつくり、水が落ちる力を利用して、橋より高いところへ水を送っている。水のいきおいにたえられるように、［ い ］の管を使っている。

あ（　　　　　　　　）　い（　　　　　　　　）

② 通潤橋と通潤用水ができたことで、地いきでとれる米の量はどう変わりましたか。右のグラフを参考にして、答えましょう。

（　　　　　　　　　　　　）

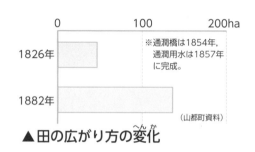

0　　　　100　　　200ha

1826年

※通潤橋は1854年、
通潤用水は1857年に完成。

1882年

（山都町資料）

▲田の広がり方の変化

3 右の図を見て、次の問いに答えましょう。　1つ6点【24点】

① 図のアのような、同じ高さのところを結んだ線を何といいますか。

（　　　　　　　　）

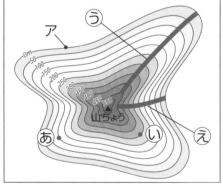

ア

う

0m
50
100
150
200
250
300
350
400
450 500

山ちょう

あ

い

え

② 図の中のあといの場所の高さは、それぞれ何mですか。

あ（　　　　m）　い（　　　　m）

③ 図の中のうとえのうち、かたむきが急な道はどちらですか。記号で答えましょう。

（　　　　）

古くから残るものを大切にしていきたいね！

答え ▶ 133ページ

6 特色ある地いき①

月　日 10分

とく点

点

1 伝統的な産業がさかんな地いきについて，次の問いに答えましょう。

④⑤1つ10点，ほかは1つ7点【48点】

① 右の写真は，宮城県の石巻市雄勝町でつくられ
ている雄勝すずりです。このように，昔からのぎ
じゅつや材料を用いて，主に手作業でつくられる
工芸品のうち，国から指定を受けたものを何とい
いますか。　　　　　　（　　　　　　　　　　）

(ピクスタ)

② 雄勝すずりの原料を次のア〜エから1つ選び，記号で答えましょう。
　ア　木　　イ　土　　ウ　うるし　　エ　石　　　　（　　　）

③ 雄勝すずりは，2011年の東日本大震災で大きなひ害を受けました。そ
の後，復興に向けてさまざまな取り組みが進められています。雄勝町で進
められている取り組みを，次のア〜エから2つ選び，記号で答えましょう。
　ア　すずりと同じ原料を使って，食器をつくっている。
　イ　またひ害を受けないように，新しい伝統産業会館はつくらない。
　ウ　すずりづくりのぎじゅつを町のすべてのわかい人に伝える。
　エ　小学生が自分で考えたデザインのすずりをつくる企画を行っている。
　　　　　　　　　　　　　　　　　（　　　　）（　　　　）

④ 福岡県の東峰村では小石原焼，岡山県の備前市では備前焼という焼き物
づくりがさかんです。これらの地いきで焼き物づくりがさかんな理由を，
「原料」という言葉を使って，かんたんに答えましょう。
　（　　　　　　　　　　　　　　　　　　　　　　　　　）

⑤ 伝統的な産業がかかえるなやみを1つ答えましょう。
　（　　　　　　　　　　　　　　　　　　　　　　　　　）

2 美しい景観や古いまちなみをいかす地いきについて，次の問いに答えましょう。

③12点，ほかは1つ8点【52点】

① 右の写真は，宮城県にある日本三景の1つです。写真の場所を何といいますか。次のア〜エから1つ選び，記号で答えましょう。

(ピクスタ)

ア 厳島　　イ 松島

ウ 天橋立　エ 知床　　（　　　）

② 次のあ〜うのうち，①がある地いきで，美しい景観をいかすために進められている取り組みとして正しいものには○を，まちがっているものには×をつけましょう。

あ（　　　　）インターネットを使い，地いきのよさを海外に発信している。

い（　　　　）さまざまな国の言葉でパンフレットをつくっている。

う（　　　　）自然を守るために，立ち入りをきん止している。

③ 右の写真は，宮城県の登米市登米町に残る古いまちなみです。この地いきでは，古いまちなみの景観を守っていくために，新しい建物を建てるときはどんなことに気をつけなくてはいけませんか。かんたんに答えましょう。

(ピクスタ)

（　　　　　　　　　　　　　　　　　　　　）

④ 登米町で進められている，古いまちなみをいかしたまちづくりの活動を，次のア〜ウから1つ選び，記号で答えましょう。

ア 古い建物の中には入らず，外から見てもらうだけにしている。

イ 古くなった建物を新しい場所にどんどんうつしている。

ウ 地いきに住む人が観光ガイドをつとめている。　　（　　　）

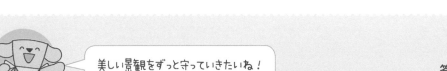

美しい景観をずっと守っていきたいね！

答え ▶ 133ページ

1 国際交流がさかんな地いきについて，次の問いに答えましょう。

③10点，ほかは1つ8点【50点】

① 右の地図中にしめした，その国を表す印として使われる旗のことを何といいますか。 （　　　　　　）

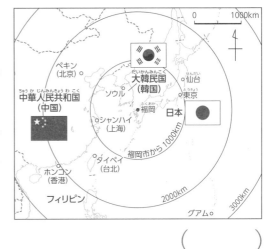

② 地図中の中国や韓国，日本がある地いきは何とよばれますか。次のア～エから1つ選び，記号で答えましょう。

ア　ヨーロッパ　　イ　アフリカ
ウ　オセアニア　　エ　アジア　　　　　　　　　　（　　　　）

③ 地図中の福岡市には，中国や韓国から多くの人がやってきます。その理由を，地図を参考にしてかんたんに答えましょう。

（　　　　　　　　　　　　　　　　　　　　　　　　　　　　　）

④ 宮城県の仙台市は，国際交流がさかんな都市です。仙台市の国際交流についてのべた次の文のあといにあてはまる言葉を答えましょう。

◇　仙台市は，外国のさまざまな都市と国際　あ　　都市や国際友好都市の関係を結んで，交流を深めています。また，仙台市には，日本の文化や学問を学ぶために，外国から多くの　　い　　生がやってきています。

あ（　　　　　　　）　い（　　　　　　　）

⑤ 外国人住民と共にくらすための仙台市の取り組みを，次のア～ウから1つ選び，記号で答えましょう。

ア　住む地いきを分ける。　　　イ　いっしょに防災訓練をする。
ウ　大人だけが文化交流をするようにしている。　　（　　　　）

2 昔のものが多く残る福岡県の太宰府市について，次の問いに答えましょう。

1つ8点【32点】

① 約1300年前に，太宰府市はどんな地いきでしたか。次のア～ウから1つ選び，記号で答えましょう。

ア　都が置かれて天皇がくらし，日本の政治の中心地だった。

イ　手つかずの自然が残り，人はほとんど住んでいなかった。

ウ　国の役所が置かれ，外国との重要な交流地だった。　　　（　　　　　）

② 右の写真は，太宰府天満宮の参道の様子です。次のあ～⑤のうち，参道の景観を守るために進められた取り組みとして正しいものには〇を，まちがっているものには×をつけましょう。写真も参考にしましょう。

(Alamy／PPS通信社)

あ（　　　　　）たくさんの観光客に来てもらうために，高いビルを建てた。

⑤（　　　　　）電線を地下にうめた。

⑤（　　　　　）まわりの建物の色は落ちついたものにするようにした。

3 岡山県の真庭市に広がる蒜山高原について，次の文のあと⑥にあてはまる言葉を下のア～エから1つずつ選び，記号で答えましょう。

1つ9点【18点】

◇　右のグラフを見ると，蒜山高原は岡山市にくらべて1年を通して気温が　あ　，冬の降水量が　⑥　なっています。この気候をいかして，蒜山高原では冬にスキーを楽しむことができます。

ア　多く　　イ　少なく

ウ　高く　　エ　低く

あ（　　　　）　⑥（　　　　）

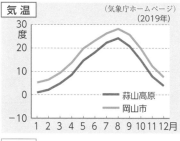

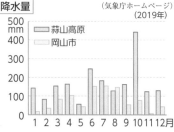

みんなが住む地いきにはどんな特色があるかな？

答え ▶ 133ページ

1 ヘチマのたねをまいて育てました。次の問いに答えましょう。1つ10点【20点】

ア　　　　　イ　　　　　ウ　　　　　エ　　　　　オ

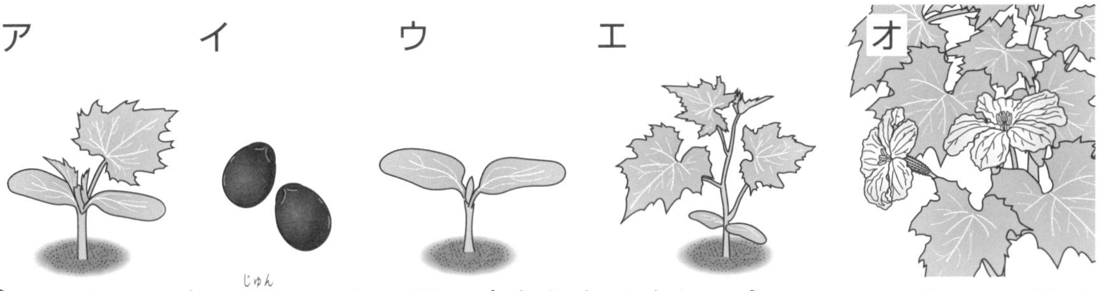

① ヘチマの育つ順に，上のア～オをならべましょう。

（全部できて10点）

（　　　→　　　→　　　→　　　→　　　）

② ヘチマのようすは，春から夏のはじめにかけてどのようになりましたか。

正しいものの（　　）に○をつけましょう。

ア（　　）葉の数がへる。　　　　イ（　　）くきがよくのびる。

ウ（　　）花がかれて実やたねができる。

2 春から夏に見られる動物のようすを観察しました。次の問いに答えましょう。

1つ6点【30点】

① 下の図で，春の動物のようすには○，夏の動物のようすには△を（　　）

につけましょう。

ア（　　）　　イ（　　）　　ウ（　　）　　エ（　　）

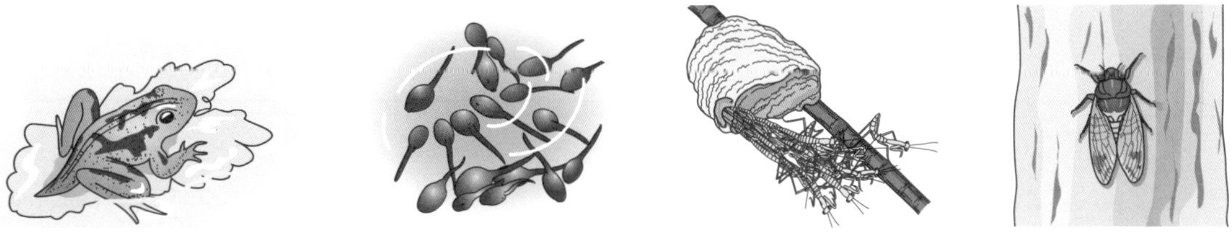

② 夏の動物のようすとして，正しいほうの（　　）に○をつけましょう。

ア（　　）動きがにぶくなり，すがたがあまり見られなくなる。

イ（　　）活動が活発になり，見られる種類や数がふえる。

3 気温のはかり方について，次の問いに答えましょう。　①8点，②1つ6点【26点】

① 右の図は，気温が正しくはかれていません。
どんなところがまちがっていますか。

（　　　　　　　　　　　　　　　　　　）

温度計

② 気温の正しいはかり方について，次の文の〔　　〕
から正しい言葉を選び，○でかこみましょう。

　気温は，まわりが開けていて〔　風がなく　　　風通しがよく　〕，日
光が直せつ〔　当たる　　　当たらない　〕場所で，地面からの高さが，
〔　1.2〜1.5m　　　1.5〜2.0m　〕の位置ではかる。

4 晴れの日と雨の日の1日の気温の変化について，次の問いに答えましょう。

1つ6点【24点】

① 晴れの日のグラフは，㋐，㋑の
どちらですか。　　　（　　　　）

② ①で答えたわけを書きましょう。

（　　　　　　　　　　　　　　　）

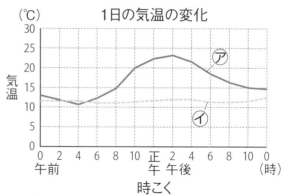

（℃）　　　1日の気温の変化

③ 雨の日の気温の変化について，正しい説明は次のア，イのどちらですか。

（　　　　）

ア　1日の気温の変化が小さい。　　イ　1日の気温の変化は大きい。

④ 昼間に天気が晴れからくもりに変わると，気温は次のア，イのどちらに
なりますか。　　　　　　　　　　　　　　　　　　　（　　　　）

ア　くもりになると気温は上がる。　　イ　くもりになると気温は下がる。

晴れの日と雨の日の気温のちがいがわかったかな？

答え ▶ 134ページ

② 電気のはたらき

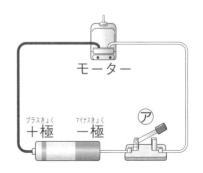

1 右の図のような回路をつくり，実験をしました。次の問いに答えましょう。　　　　1つ7点【28点】

① 図の⑦を回路につなぐと，電気を流したり，切ったりできます。この⑦のことを何といいますか。　　　　（　　　　　　　　　）

② 次の文の〔　　〕の中の正しい言葉を○でかこみましょう。

電流は，かん電池の〔　＋極　　－極　〕から〔　＋極　　　－極　〕へ流れる。かん電池のつなぐ向きを反対にしたとき，電流の流れる向きは〔　変わる　　変わらない　〕。

2 下の図1のようにつなぐと，モーターは➡の向きに回り，けん流計のはりは➡の向きにふれました。次に図2のように，かん電池の向きを反対にしてつなぎました。次の問いに答えましょう。　　　　1つ8点【24点】

図1
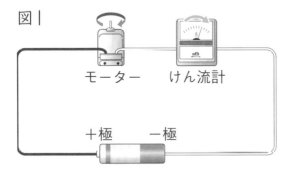

図2
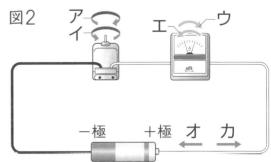

① 図2で，モーターの回る向きは，ア，イのどちらですか。　（　　　　　）

② 図2で，けん流計のはりのふれる向きは，ウ，エのどちらですか。

（　　　　　）

③ 図2で，電流の流れる向きは，オ，カのどちらですか。

（　　　　　）

105

3 下の図のように，かん電池2ことモーターとけん流計をつなぎました。次の問いに答えましょう。

1つ8点【24点】

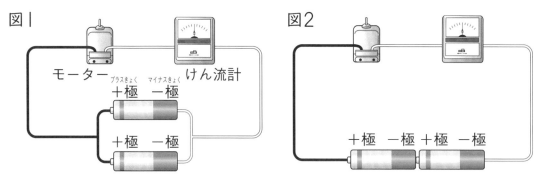

図1　モーター　プラスきょく　マイナスきょく　けん流計
＋極　一極
＋極　一極

図2
＋極　一極　＋極　一極

① 図1，図2のような，かん電池のつなぎ方をそれぞれ何といいますか。

図1（　　　　　　　　　　　） 図2（　　　　　　　　　　　　　）

② けん流計のはりのふれ方が大きいのは，図1，図2のどちらですか。

（　　　　　　　　）

4 下の図のように，かん電池を2こつなぎました。次の問いに答えましょう。

①全部できて16点，②8点【24点】

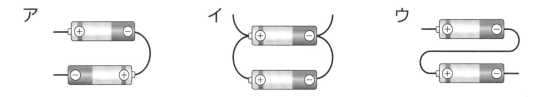

ア　　　　　　　　　　　イ　　　　　　　　　　　ウ

① 豆電球をつないだとき，かん電池1このときよりも明るくなるのは，ア～ウのどれとどれですか。　　　　　　　　　　（　　　　と　　　　）

② ①のようになるのはなぜですか。（　　　）にあてはまる言葉を書きましょう。

かん電池1このときよりも，回路に流れる電流の大きさが
（　　　　　　　　）なるから。

電気のはたらきがわかったかな？

答え ▶ 134ページ

1 右の図は，夏の夜，東の空から南の空にかけて見られる，3つの星ざの3つの星を結んでできる三角形を表しています。次の問いに答えましょう。

1つ6点【36点】

① 図のA～Cの星は何等星ですか。

（　　　　　　　　）

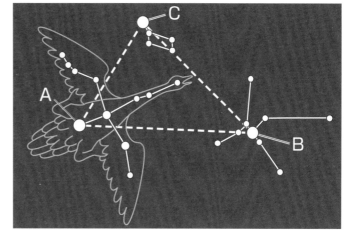

② 図のAとBの星を何といいますか。次のア～ウからそれぞれ選びましょう。また，AとBは何という星ざの星ですか。カ～クからそれぞれ選びましょう。

A 星の名前（　　　　）星ざ（　　　　）

B 星の名前（　　　　）星ざ（　　　　）

ア ベガ　　　イ デネブ　　　ウ アルタイル

カ わしざ　　　キ ことざ　　　ク はくちょうざ

③ 図のA～Cの3つの星を結んでできる三角形を何といいますか。

（　　　　　　　　　　　　）

2 星や星ざの動きで正しいものを，次のア～エから2つ選びましょう。1つ8点【16点】

（　　　　）（　　　　）

ア 星や星ざは，時間がたつと見える位置が変わります。

イ 星や星ざは，時間がたっても見える位置は変わりません。

ウ 星や星ざは，時間がたつとならび方が変わります。

エ 星や星ざは，時間がたってもならび方は変わりません。

3 下の図は，いろいろな形の月が見えた位置を表しています。次の問いに答えましょう。

①1つ8点，②，③1つ6点【48点】

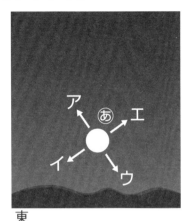
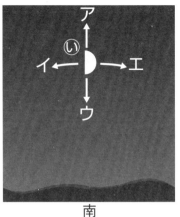

東　　　　　　　　　　南　　　　　　　　　　西

① 図のあ〜うの形の月は，それぞれ何といいますか。

あ （　　　　　　　　　　　）

い （　　　　　　　　　　　）

う （　　　　　　　　　　　）

② 図のあ〜うの月は，時間がたつとそれぞれア〜エのどの向きに動きますか。　　　　あ （　　　　）　い （　　　　）　う （　　　　）

③ 月の動きと太陽の動きをくらべました。正しいものを次のア〜ウから選びましょう。　　　　　　　　　　　　　　（　　　　）

ア　円の形に見える月は，太陽と同じように東からのぼり南の空を通って西へ動くが，円の形ではない月は，太陽とは反対に西からのぼり南の空を通って東へ動く。

イ　どの形の月の動きも，太陽と同じように，東からのぼり，南の空の高いところを通って，西にしずむ。

ウ　どの形の月の動きも，太陽の動きとはまったくちがっている。

月や星，太陽の動きはばっちりだね！

答え ▶ 135ページ

4 雨水のゆくえ，とじこめた空気と水

1 右の図のように，雨水の流れのそばにビー玉を入れたバットを置いて，地面のかたむきを調べました。次の問いに答えましょう。　1つ10点【20点】

ビー玉

① 雨水は，⑦と④のどちらのほうに流れていきますか。　（　　　　　）

② ①のように考えたのはなぜですか。次の説明のうち，正しいほうに○をつけましょう。

ア（　　　） 雨水は地面の高いところから低いところへ流れていくから。

イ（　　　） 雨水は地面の低いところから高いところへ流れていくから。

2 雨の日，土の校庭には水たまりができましたが，すな場には水たまりができませんでした。校庭の土と，すな場のすなを，それぞれペットボトルでつくったそうちに入れ，同じ量の水を同時に注ぎました。次の問いに答えましょう。　1つ10点【40点】

① 結果は右の表のようになりました。表の中の⑦，④にあてはまる言葉を書きましょう。

⑦（　　　　　）
④（　　　　　）

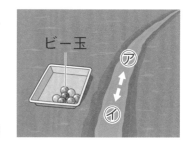

	校庭の土	すな場のすな
つぶの大きさ	⑦	④
水のしみこみ方	しみこむのに，時間がかかった。出てくる水の量が少なかった。	水を注いでいるとちゅうから，にごった水が出た。

② 結果からわかることについて，（　　）にあてはまる言葉を書きましょう。

土やすなのつぶが（　　　　　　　）ほど，水がしみこみやすい。

③ 水たまりができなかったすな場の雨水は，どこにいったと考えられますか。　（　　　　　）

3 右の図のように，注しゃ器に空気をとじこめ，ピストンをおしていきます。
次の問いに答えましょう。
1つ8点【24点】

① とじこめた空気の体積（たいせき）が小さいのは，ア，イのどちらですか。

（　　　　）

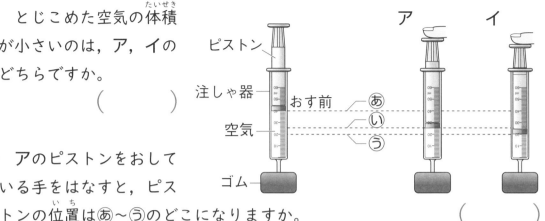

② アのピストンをおしている手をはなすと，ピストンの位置（いち）は⑤～③のどこになりますか。

（　　　　）

③ ピストンからおし返される手ごたえが大きいのは，ア，イのどちらですか。

（　　　　）

4 右の図のように，注しゃ器に水と空気を半分ずつとじこめ，ピストンをおすと体積が小さくなりました。次の問いに答えましょう。
1つ8点【16点】

① ピストンをおしたときのようすで，正しいものの（　　）に〇をつけましょう。

ア（　　　）水の体積だけが小さくなった。

イ（　　　）空気の体積だけが小さくなった。

ウ（　　　）空気と水の体積が同じように小さくなった。

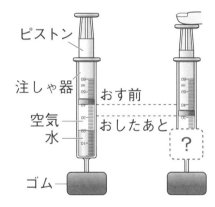

② ピストンを引くと，注しゃ器の中の空気と水の体積はどうなりますか。

（　　　　　　　　　　　　　　　　）

空気と水のちがい，しっかり覚（おぼ）えてね。

答え ▶ 135ページ

5 動物の体のつくりと運動，ものの温度と体積

1 人の体のほねときん肉について，次の問いに答えましょう。　1つ5点【50点】

① 図1で，うでを曲げるときにちぢむきん肉はア，イのどちらですか。　（　　　）

図1

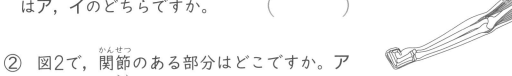

② 図2で，関節のある部分はどこですか。ア〜ケから5つ選びましょう。

（　　　）（　　　）（　　　）
（　　　）（　　　）

③ 次の文の（　　）にあてはまる言葉を〔　　〕から選び，書きましょう。

人の体には（　　　　　）があり，体をささえたり，守ったりしています。手やせなかのほねには，たくさんの（　　　　　）があり，ものを（　　　　　），体を小さくまるめたりできます。人の体は，（　　　　　）がちぢんだり，ゆるんだりすることで動かせます。

〔　つかんだり　　ほね　　関節　　きん肉　〕

図2

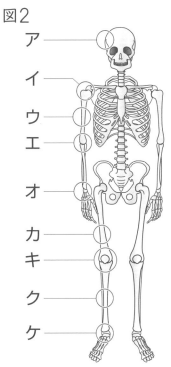

2 右の図は，ウサギのほねときん肉のつくりを表しています。次の文の〔　　〕からあてはまる言葉を選び，〇でかこみましょう。　1つ4点【8点】

ウサギは〔　ゆっくり歩く

走ったりとんだりする　〕のにつごうがよいように，うしろあしのきん肉が発達しています。人だけではなく，ウサギやほかの動物の体にも，〔　ほねときん肉　　毛　〕があり，そのはたらきで動くことができます。

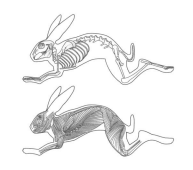

3 温度による空気と水の体積の変化を調べます。次の問いに答えましょう。

1つ6点【30点】

① 図1で，空気を入れた試験管をあたためると，ガラス管の中の水はア，イのどちらへ動きますか。　（　　　　）

② 図1で，空気を入れた試験管を冷やすと，ガラス管の中の水はウ，エのどちらへ動きますか。　（　　　　）

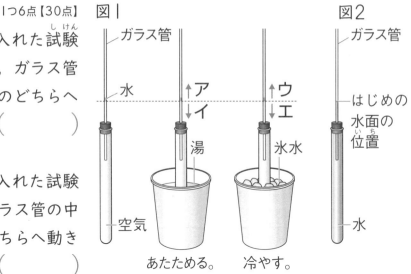

図1

ガラス管
水
↑ア
↓イ
湯
あたためる。

↑ウ
↓エ
氷水
冷やす。

図2

ガラス管
はじめの水面の位置
水

③ 図2の水を入れた試験管をあたためたり，冷やしたりしたときについて，次の文の〔　　〕の中の正しい言葉を◯でかこみましょう。

水は，あたためると体積が〔　大きく　　小さく　〕なり，冷やすと体積が〔　大きく　　小さく　〕なる。

④ あたためたときの体積の変わり方が小さいのは，空気，水のどちらですか。　（　　　　　　　）

4 右の図で熱する前の金ぞくの玉は，輪をぎりぎりで通りぬけました。次の問いに答えましょう。

1つ6点【12点】

① 金ぞくの玉を熱すると，玉は輪を通りぬけますか。

（　　　　　　　　　）

② 金ぞくの体積の変わり方は，空気や水とくらべてどうですか。　（　　　　　　　）

玉が輪を通りぬけるか調べる。

教科書もいっしょに見直そうね。

答え ▶ 135ページ

6 季節と生き物②，もののあたたまり方

月　　日　　**10**分

とく点

点

---

1 秋のころのヘチマの育ちは，夏のころにくらべてどのようになりましたか。次の問いに答えましょう。　　　　　　　　　　　　　1つ8点【16点】

① 葉やくきのようすで，正しいものを選び，（　　）に〇をつけましょう。

ア（　　）　葉はふえて，くきはどんどんのびている。

イ（　　）　葉はかれ始めているが，くきはどんどんのびている。

ウ（　　）　葉は大きく育っているが，くきはかれ始めている。

エ（　　）　葉もくきもかれ始めている。

② ヘチマの実の中には何ができていますか。　　（　　　　　　　　　　　）

---

2 秋のこん虫のようすを調べました。次の問いに答えましょう。　1つ8点【24点】

① あ，いのこん虫はそれぞれ何をしているところですか。次のア〜ウから選びましょう。

あ（　　　　　　　）　い（　　　　　　　）

あ　　　　　　　　　　い

ア　食べ物を食べているところ。

イ　巣をつくっているところ。

ウ　たまごを産んでいるところ。

② あ，いのこん虫は，成虫，よう虫，たまごのどのすがたで冬をこしますか。　　　　　　　　　　　　　　　　　（　　　　　　　　　　　）

---

3 右の図は，秋のツバメの巣のようすです。巣にツバメがいないのはなぜですか。次の文の（　　）にあてはまる方位を書きましょう。　　【10点】

ツバメはすずしくなると，あたたかい（　　　　　）のほうへ飛んでいってしまうから。

4 下の図のように，ろうをぬった金ぞくのぼうと金ぞくの板を熱して，ろうのとけ方を調べました。次の問いに答えましょう。　　　　1つ10点【20点】

図1
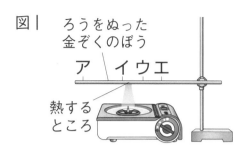
ろうをぬった
金ぞくのぼう
ア　イウエ
熱する
ところ

図2
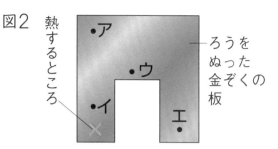
熱する
ところ
ろうを
ぬった
金ぞくの
板
・ア
・ウ
・イ
エ
・

① 図1で，ろうがとけていく順にア～エを書きましょう。　（全部できて10点）

（　　　　　→　　　　　→　　　　　→　　　　　）

② 図2で，ろうがとけていく順にア～エを書きましょう。　（全部できて10点）

（　　　　　→　　　　　→　　　　　→　　　　　）

5 右の図のように，示温インク（温度によって色が変化するインク）をまぜた水をビーカーに入れて熱して，水のあたたまり方を調べました。次の問いに答えましょう。　　　　1つ10点【30点】

① 水の色は，図のア～ウのどこから変わっていきますか。　　　（　　　　　）

② 水の色の変化から，何の動きがわかりますか。

（　　　　　　　　　　　）

③ 空気のあたたまり方は，金ぞく，水のどちらと同じですか。

（　　　　　）

・ア
・イ
示温インクを
まぜた水
・ウ

あたたまり方にも，いろいろあるね。

答え ▶ 136ページ

7 すがたを変える水

とく点

点

1 右の図は，水を熱（ねっ）したときに出てくるもののようすです。次の問いに答えましょう。

①1つ4点，②，③8点【24点】

① ⑦，⑦は，それぞれえき体（たい），気体（きたい）のどちらですか。

⑦ （　　　　　　　） ⑦ （　　　　　　　）

② 湯気（ゆげ）は何のつぶですか。

（　　　　　　　）

③ 図のように，熱した水からさかんにあわが出るじょうたいを何といいますか。

（　　　　　　　）

⑦
（目に
見える。）

⑦
（目に
見えない。）

2 水を冷（ひ）やしたときの温度を調べました。次の問いに答えましょう。

1つ6点【12点】

① 水がこおり始めるのは，何℃になったときですか。

（　　　　　　　）

② 水が氷になったあとも冷やし続（つづ）けました。水の温度は，次のア，イのどちらのように変化（へんか）すると考えられますか。 （　　　　　　　）

ア

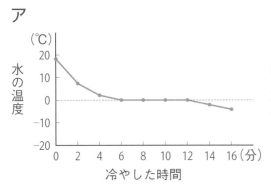

イ

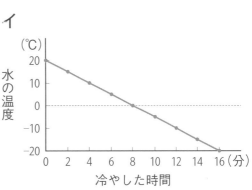

3 水のすがたの変わり方について，次の問いに答えましょう。　1つ8点【40点】

① 水の温度の変化のグラフの㋐，㋑にあてはまる数字は何ですか。

㋐（　　　　　　）
㋑（　　　　　　）

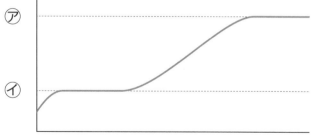

② 次の文の（　　）にあてはまる言葉を書きましょう。

水じょう気を冷やすと（　　　　）体の水になり，水を熱すると，（　　　　）体の水じょう気になる。

水は冷やし続けると，（　　　　）体（氷）になる。

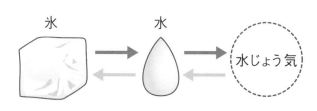

氷　　　水　　　水じょう気

4 右の図のように，水を入れた入れ物㋐，㋒を，日なたに置きました。次の問いに答えましょう。

1つ8点【24点】

① しばらく置いたあとの㋐，㋒のようすで，正しいものをア～ウから選びましょう。

㋐（　　　　）　㋒（　　　　）

ア　水の量がへっている。
イ　ラップシートの内側に水のつぶがついている。
ウ　ラップシートの外側に水のつぶがついている。

㋐　　　　　　㋒
ラップシート
輪ゴム
印
同じ量の水

② 水が表面（水面）から，水じょう気に変わって出ていくことを何といいますか。

（　　　　　　　）

冷やすと氷，あたためると水じょう気，その正体は水！

答え ▶ 136ページ

算　数

① 大きい数のしくみ　5~6ページ

1 ①二百六十九億七千八百万

②二兆三千六百七億

2 ①580000000

②4201009000000

3 ⑦5000億　　　⑦1兆8000億

4 ①10倍…200億，$\frac{1}{10}$…2億

②10倍…90兆，$\frac{1}{10}$…9000億

5 ①ア10　　　　イ10000

②10倍

6 ①53027000000

②86400002000000

③3570002400000

7 ①41億　　　　②11兆

③30万　　　　④99億

⑤14億　　　　⑥18兆

❷アドバイス **2**　②のように，百億や一億など読まない位には0を書くのをわすれないようにしましょう。けた数の多い数は，右から4けたごとに区切って正しく書きましょう。

　下のようなかんたんな位取りの表に表すとよいでしょう。

千	百	十	一	千	百	十	一	千	百	十	一	千	百	十	一
			兆				億				万				
			4	2	0	1	0	0	9	0	0	0	0	0	0

7　⑤1万×1万＝1億だから，

　　7万×2万＝14億

⑥1億×1万＝1兆だから，

　　3億×6万＝18兆

② 折れ線グラフ，整理のしかた　7~8ページ

1

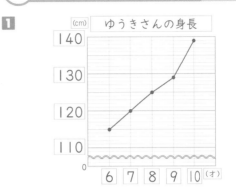

（cm）　ゆうきさんの身長

140
130
120
110
0
6 7 8 9 10 （才）

2 ①

かっている動物調べ　（人）

		イヌ		合計
		かっている	かっていない	
ネコ	かっている	2	3	5
	かっていない	6	4	10
	合計	8	7	15

②2人

③6人

3 ①25度

②午前10時

③午後1時で27度

④午前9時と午前10時の間

4

4年生が好きなスポーツ調べ　（人）

種類＼組	1組	2組	合計
サッカー	10	9	19
野球	8	10	18
水泳	4	5	9
テニス	4	3	7
合計	26	27	53

❷アドバイス **1**　たての1めもりは1cmを表します。

4　1組の水泳は，9−5＝4（人）か，26−（10＋8＋4）＝4（人）で求められます。

1 あ30°　　い95°
　　う145°　　え250°

2 ①

70°

②

150°

③

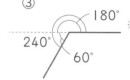

180°

240°

60°

※360°をもとにすると，
360−240＝120
360°から120°を
ひいてもよい。

3 あ115°　　い330°

4 あ75°　　い60°

5

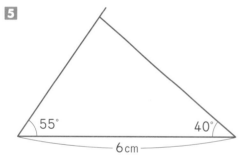

55°　　　　　40°

6cm

● アドバイス

1 え

お

ここの角度をはかると110°
360−110＝250で，250°
※180°をもとにすると，おの角
　度は70°なので，
　180＋70＝250で，250°

3 いの角の大きさは，360−30＝330で，
330°

4 1組の三角じょうぎの角度は，下のよう
になります。

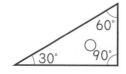

45°

○

45° 90°

60°

○

30° 90°

あの角の大きさは，45＋30＝75で，75°
いの角の大きさは，90−30＝60で，60°

1 ①13あまり1　　②12
　　③31あまり2　　④187あまり1
　　⑤112あまり5　　⑥190あまり3
　　⑦54あまり4　　⑧99

2 ①36あまり1　　②14
　　③23　　④17あまり3
　　⑤22あまり2　　⑥22あまり1
　　⑦178あまり1　　⑧114あまり6
　　⑨313あまり2　　⑩106
　　⑪83　　⑫60あまり1

● アドバイス

1 ⑥
```
      1 9 0
  4 ) 7 6 3
      4
      3 6
      3 6
          3
```
答えのたしかめのしかた
4×190＋3＝763
わる数×商＋あまり
　　＝わられる数

2 ⑩のように，商に0がたつときは，かけ
る→ひくを省くことができます。

```
      1 0 6              1 0 6
  8 ) 8 4 8          8 ) 8 4 8
      8                  8
      4                  4 8
      0                  4 8
      4 8                    0
      4 8
          0
```
この部分を
省いて，右
のように計
算できる。

⑦
```
      1 7 8
  4 ) 7 1 3
      4
      3 1
      2 8
        3 3
        3 2
            1
```

⑧
```
      1 1 4
  7 ) 8 0 4
      7
      1 0
        7
        3 4
        2 8
            6
```

⑪
```
        8 3
  8 ) 6 6 4
      6 4
        2 4
        2 4
            0
```

⑫
```
        6 0
  7 ) 4 2 1
      4 2
          1
```

⑤ 2けたでわるわり算の筆算，式と計算　13~14ページ

1 ①3　②6あまり3
③5あまり4　④32あまり1
⑤29あまり17　⑥30あまり13

2 ①45, 17　②39
③100

3 ①7あまり4　②2あまり9
③3あまり5　④6あまり38
⑤44　⑥46あまり1
⑦30　⑧5あまり16
⑨2あまり229

4 ①380　②9

5 ①1500　②40

⊘アドバイス　筆算は次のようになります。

1 ⑥
```
        30 ←一の位の
  14)4 3 3    0をわすれない。
     4 2
       1 3
```

3 ⑦
```
       30
  29)8 7 0
     8 7
       0
```
⑧
```
           5
  123)6 3 1
       6 1 5
         1 6
```

5 ①4×15×25＝15×4×25
＝15×100＝1500
②62×8−57×8
＝(62−57)×8＝5×8＝40

⑥ わり算の文章題　15~16ページ

1 65÷5＝13　　　　　　　13本
2 84÷7＝12　　　　　　　12人
3 280÷18＝15あまり10　　16本
4 96÷8＝12　　　　　　　12日
5 82÷5＝16あまり2
　　　　1箱分は16こで，2こあまる。
6 900÷18＝50　　　　　　50円
7 384÷24＝16　　　　　　16倍
8 562÷45＝12あまり22　　13台

⊘アドバイス　**7**　「何倍」を求めるときもわり算を使って計算します。もとにする大きさは絵本のページ数だから，式は，図かんのページ数÷絵本のページ数＝何倍　になります。

8　答えの12あまり22の意味は，12台すべてに45人が乗っても，22人があまってしまうということです。だから，562人全員がバスに乗るには，もう1台ふやして，13台いるということになります。このように，何が問われているかに気をつけて答えを書きましょう。

3
```
        1 5
  18)2 8 0
     1 8
     1 0 0
       9 0
       1 0
```

8
```
          1 2
  45)5 6 2
     4 5
     1 1 2
       9 0
       2 2
```

⑦ がい数　17~18ページ

1 ①2800　②5000
③770000
2 ①32000　②61000
③760000　④430000
3 ①345, 354
②6650, 6750
4 ①⑦30000　⑦33000
②⑦6000000　⑦5960000
5 ①40000　②800000
6 ①0, 1, 2, 3, 4　②4
7 200×30＝6000　　約6000円

⊘アドバイス　**3**　①四捨五入して，十の位までのがい数で表したとき，350になる整数のはんいは345から354までの数です。「以下」を使うとき「354以下」で355は入りません。

②四捨五入して，百の位までのがい数で表したとき，6700になる整数のはんいは6650から6749の数です。「未満」を使うとき「6750未満」です。

⑧ 垂直・平行と四角形

page19~20
ページ

1 ⑦, ⑦

2 ①⑤

②あ 105°　　　い 75°

3 ①辺BC…8cm, 辺CD…6cm

②あ 70°　　　い 110°

4 ①辺AD, 辺BC

②辺BC

5 ①5cm

②あ 120°　　　い 60°

6 ①⑦, ⑦, ⑦, ⑦

②⑦, ⑦　　　　③⑦

アドバイス 1 ⑦の直線と直角に交わっている直線を, 三角じょうぎの直角の部分を使って見つけましょう。

2 ⑦と⑦のような平行な直線は, ほかの直線と等しい角度で交わるので, あと⑤の角度は等しくなります。

6 ③2本の対角線の長さが等しいのは長方形と正方形で, 2本の対角線が垂直であるのはひし形と正方形です。

⑨ 分数のたし算・ひき算

21~22
ページ

1 ①$\frac{10}{7}$, $1\frac{3}{7}$　　　②$\frac{8}{6}$, $1\frac{2}{6}$

③$\frac{8}{8}$, 1　　　　④$\frac{11}{5}$, $2\frac{1}{5}$

⑤$\frac{7}{3}$, $2\frac{1}{3}$　　　⑥$\frac{8}{4}$, 2

2 ①$2\frac{7}{9}$　　　　②$3\frac{5}{7}$

③$1\frac{7}{5}$, $2\frac{2}{5}$　　④$3\frac{2}{8}$

⑤$2\frac{6}{4}$, $\frac{3}{4}$　　　⑥$3\frac{3}{3}$, $2\frac{1}{3}$

3 ①$\frac{5}{4}\left(1\frac{1}{4}\right)$　　　②$\frac{8}{5}\left(1\frac{3}{5}\right)$

③$1$　　　　　④$\frac{8}{7}\left(1\frac{1}{7}\right)$

⑤$\frac{15}{9}\left(1\frac{6}{9}\right)$　　　⑥$1$

4 ①$3\frac{2}{7}\left(\frac{23}{7}\right)$　　　②$2\frac{1}{8}\left(\frac{17}{8}\right)$

③$6\frac{1}{5}\left(\frac{31}{5}\right)$　　　④$\frac{4}{6}$

⑤$\frac{4}{9}$　　　　　⑥$1\frac{3}{7}\left(\frac{10}{7}\right)$

⑦$1\frac{2}{4}\left(\frac{6}{4}\right)$

アドバイス 2の③や4の①, ②, ③のように, 帯分数をふくむたし算で, 分数部分の和が仮分数になったときは, 帯分数になおして, 整数部分に1くり上げます。

2 ⑤分数部分がひけないので, 整数部分から1くり下げます。

$3\frac{2}{4} - 2\frac{3}{4} = 2\frac{6}{4} - 2\frac{3}{4} = \frac{3}{4}$

⑩ 分数の計算の文章題

23~24
ページ

1 $\frac{4}{5} + \frac{2}{5} = \frac{6}{5}\left(= 1\frac{1}{5}\right)$　　$\frac{6}{5}L\left(1\frac{1}{5}L\right)$

2 $2\frac{1}{3} - \frac{2}{3} = 1\frac{4}{3} - \frac{2}{3} = 1\frac{2}{3}$

$1\frac{2}{3}m\left(\frac{5}{3}m\right)$

3 $5 - \frac{5}{6} = 4\frac{6}{6} - \frac{5}{6} = 4\frac{1}{6}$

$4\frac{1}{6}kg\left(\frac{25}{6}kg\right)$

4 $1\frac{3}{6} + \frac{4}{6} = 2\frac{1}{6}$　　$2\frac{1}{6}$時間$\left(\frac{13}{6}$時間$\right)$

5 $3\frac{5}{8} + 2\frac{3}{8} = 6$　　　　　6dL

6 $\frac{8}{7} - \frac{3}{7} = \frac{5}{7}$　　　　　$\frac{5}{7}$L

7 $2\frac{3}{9} - 1\frac{5}{9} = \frac{7}{9}$　　　　$\frac{7}{9}$km

アドバイス 答えは仮分数で答えても, 帯分数で答えてもよいです。

7 分数部分がひけないときは, 整数部分から1くり下げてひきます。

$2\frac{3}{9} - 1\frac{5}{9} = 1\frac{12}{9} - 1\frac{5}{9} = \frac{7}{9}$

$2\frac{3}{9} = 1 + 1\frac{3}{9} = 1\frac{12}{9}$

11 変わり方 25~26ページ

1 ①42, 43, 44, 45, 46, 47
②□＋32＝○
③23才

2 ①3, 6, 9, 12, 15
②□×3＝○
③54cm

3 ①4, 8, 12, 16, 20
②□×4＝○
③14だん

4 ①□×6＝○ （6×□＝○）
②15m

● アドバイス **1** はるかさんとお父さんの年令の差はいつも一定になることに気づきましょう。□＋32＝○の関係がわかると、③は計算で答えが求められます。

3 だんの数が1つふえるとまわりの長さが4cmふえることに気づきましょう。式に表すと、□×4＝○になります。③は、この式の○に56をあてはめると、

□×4＝56

□＝56÷4＝14

で、14だんとなります。

4 □×6＝○の関係から求めます。

このように、ともなって変わる2つの数量のきまりを見つける練習をしましょう。

12 面積 27~28ページ

1 ①12×9＝108 　　　　108cm²
②5×5＝25 　　　　　25cm²
③8×10＝80 　　　　　80cm²

2 ①4×5＝20 　　　　　20a
②3×3＝9 　　　　　　9ha

3 ①20×28－12×10＝440

440cm²

②5×6－2×2＝26 　　26cm²

4 63÷9＝7 　　　　　　7cm

5 ①10000 　　②6000000
③20 　　　　④80000
⑤400 　　　⑥30000

● アドバイス **3** ①の答えは、たて20cm、横28cmの長方形の面積から、へこんだ部分の面積をひいて求めていますが、別の求め方もあります。たとえば、

20×8＋20×10＋8×10＝440　や

12×8＋12×10＋8×28＝440

などの求め方でも正かいです。

5 ②1km²は1辺が1000mの正方形の面積だから1000×1000＝1000000（m²）です。また、③は10000m²＝1ha、④は1ha＝100a、⑤は1a＝100m²から求めます。

13 小数のたし算・ひき算 29~30ページ

1 ①6.38 　　②8.94 　　③13.45
④34.68 　　⑤1.05 　　⑥3.11
⑦0.67

2 ①5.803 　②3.128 　③8.156
④2.688 　⑤4.971

3 ①5.97 　　②4.04 　　③1.04
④9 　　　⑤9.8 　　　⑥90
⑦14.39 　⑧5.489 　⑨1.056

4 ①1.46 　　②4.05 　　③5.29
④1.98 　　⑤7.01 　　⑥3.62
⑦1.364 　⑧7.902

● アドバイス **1** ③や⑥のように、小数点より右のけた数がちがう小数どうしの筆算は、次のように0をつけたして計算します。特にひき算のときには、くり下がりに気をつけるようにしましょう。

③ 　　4.6⓪ 　←4.6を4.60と考える。
　　＋8.85
　　13.45

⑥ 　　7.0⓪ 　←7を7.00と考える。
　　－3.89
　　　3.11

⑭ 小数のかけ算　31~32ページ

1 ①0.8　　　　②1.2

2 ①4.8　　　　②12.8

　　③87.2　　　④2.3

3 ①43.7　　　②289.8

　　③43.18　　④229

　　⑤103.2

4 ①4　　　　②6.4

5 ①8.6　　　　②13.5

　　③86.4　　　④0.9

　　⑤41.6　　　⑥51

6 ①76.8　　　②61.2

　　③192　　　④95.58

　　⑤197.19　⑥0.522

●アドバイス　小数のたし算やひき算の筆算
は位をそろえて書きましたが，かけ算の筆算
では，位をそろえず，右にそろえて書きます。

2 ④

```
    0.4 6
  ×     5  ← 右にそろえて書く。
    2.3 0  ← 右はしの0は消す。
```
積の小数点は，かけられる数にそろえてうつ。

6 かける数も2けたになるので，答えのけ
た数がふえます。注意して計算するようにし
ましょう。

⑮ 小数のわり算　33~34ページ

1 ①1.2　　　　②4.6

　　③14あまり1.8

2 2.15

3 ①3.8　　　　②0.86

4 ①14.6　　　②5.4

　　③3あまり22.6

5 ①0.25　　　②0.86

　　③2.24

6 ①5.3　　②8.9　　③0.4

●アドバイス　**3**の②，**5**の①，②や**6**の③
のように，商が一の位からたたないときは，
商の一の位に0を書き，小数点をうちましょう。

6 求めるがい数の1つ下の位，$\frac{1}{100}$の位
で四捨五入します。

③

```
              ↓0を書き，小数点をうつ。
         4
       0.3 7  ← 商を 1/100 の位まで求め，
  27)1 0.2       この数を四捨五入する。
     8 1
     2 1 0
     1 8 9
       2 1
```

⑯ 小数の計算の文章題　35~36ページ

1 0.98+5.7=6.68　　　　6.68kg

2 2.78−1.53=1.25　　　　1.25L

3 0.23×6=1.38　　　　1.38kg

4 9.86÷34=0.29　　　　0.29kg

5 3.26+0.457=3.717

　　　　　　　　　　　　　3.717kg

6 5.08−3.59=1.49　　　　1.49m

7 20÷50=0.4　　　　0.4倍

8 144.6÷12=12あまり0.6

　　　　12ふくろできて，0.6kgあまる。

9 26.8÷7=3.82…　　　約3.8m

●アドバイス　**5**はたし算，**6**はひき算，**7**
8 9はわり算の式になります。

8 ふくろの数は整数になるから，商は一の
位まで求めればよいことになります。あまり
の小数点は，わられる数の小数点にそろえて
うちます。

```
        1 2
  12)1 4 4.6
     1 2
       2 4
       2 4
        0.6
```

9 26.8÷7を計算すると，3.82…とわり
きれません。答えは上から2けたのがい数で
求めるので，その1つ下の3けためを四捨五
入して3.8にし，約3.8mと答えます。

17 直方体と立方体

1 ①面…6　辺…12　頂点…8
　　②3組　　③3組

2

（見取図 1cm, 1cm の直方体）

3 ①面ⓘ，面ⓤ，面ⓔ，面ⓞ
　　②面ⓚ

4 ①面ⓐ，面ⓘ，面ⓔ，面ⓚ
　　②面ⓘ
　　③面ⓐ，面ⓚ

5 ①辺EF，辺FG
　　②辺AB，辺DC，辺AE，辺DH
　　③辺BC，辺EH，辺FG
　　④横4cm，たて0cm，高さ2cm

●アドバイス　1のように長方形だけでかこまれた形や長方形と正方形でかこまれた形を直方体といいます。4のように，正方形だけでかこまれた形を立方体といいます。直方体も立方体も，面の数は6，辺の数は12，頂点の数は8あります。
2 見取図では，見えない線は点線でかくようにしましょう。
4 この展開図を組み立てると，下のような立方体になります。立方体の展開図は，このほかにもあります。

（立方体の見取図　ア，イ，面ⓐⓔ，ⓞⓘⓤ，ⓚ）

5 ④空間にある点の位置は，3つの長さの組で表すと正かくに表すことができます。

18 いろいろな文章題

1 650－150＝500，500÷2＝250
　　250＋150＝400
　　　　　あさみさん400円，妹250円

2 5＋3＝8
　　8×4＝32　　　　　　　　　32こ

3 620－40＝580，580÷2＝290
　　290＋40＝330
　　　　　　　兄330mL，弟290mL

4 190－145＝45，145－45＝100
　　100÷4＝25
　　　大きいおもり45g，小さいおもり25g

5 30÷15＝2
　　20÷5＝4　　　　　　　　ゴムB

6 108÷(2×3)＝18　　　　　　18m

●アドバイス　1と3はちがいに目をつけてとく問題，2は順にもどしてもとの数を求める問題，4は共通部分に目をつけてとく問題，5と6は何倍になるかを考える問題です。
3 620－40が弟の飲んだ量の2倍にあたるので，2でわると弟の飲んだ量です。
4 下の図のように145g分が共通部分だから，大きいおもり1この重さは，190－145＝45(g)になります。

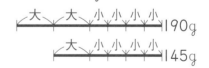

5 もとにする大きさがちがうので，倍を使ってくらべます。
6 図に表すと，

テレビとうの高さは学校の高さの2×3＝6(倍)だから，学校の高さは108÷6＝18(m)

① 漢字と送りがな（41・42ページ）

1 ①必ず ②別れる ③◯ ④◯ ⑤◯

2 ①は ②り ③い ④み ⑤か

3 ①（ア）整える（イ）整う
②（ア）苦い（イ）苦しい
③（ア）通る（イ）通う
④（ア）改める（イ）改まる

4 ①失う ②苦い ③整え ④細か

アドバイス

送りがなは、形の変わる漢字の、変わる部分から送るのが原則です。訓読みがいくつかある漢字は、送りがなによって読み方が決まるので注意しましょう。

② まちがえやすい漢字（一）（43・44ページ）

1 ①連 ②辺 ③会 ④帳

2 ①ア ②イ ③イ ④ア

3 ①（ア）付く（イ）着く
②（ア）放す（イ）計す
③（ア）代わる（イ）変わる

アドバイス

②「辺」は建物のまわりなどを使います。「返」は相手に本を返すなど。

③ まちがえやすい漢字（2）（45・46ページ）

1 ①ア ②イ ③ア ④ア

2 ①ア ②ウ ③ア ④イ

3 ①（ア）指名（イ）氏名
②（ア）転回（イ）転校

4 ①（ア）開店（イ）回転

アドバイス

③「変わる」は温度や時間が変わる場合、「代わる」は役目や役割を他のものにかえる場合に使います。⑤「量る」は重さ、「計る」は時間を使います。

④ 漢字の組み立て／漢字辞典の使い方・辞典（47・48ページ）

1 ①低 ②底 ③指

2 ①管 ②官

3 ①機械 ②機会

4 ①訓読み ②音読み

アドバイス

2 「辞典」は言葉の意味や使い方を説明した本、「事典」はいろいろな事がらを説明した本。

答え

5 ①ウ ②ア ③ア ④オ ⑤イ ⑥エ 〈それぞれ順不同〉

4 ①起・径 ②刷 ③芸 ④照・念
⑤梅・健 ⑥図・関 ⑦病

3 ①五 ②六 ③八

2 ①七 ②五 ③四

1 ①イ ②ア ③ウ

5 ①起 ②刷 ③類
4 画で書きます。
3 ①「ぶ」（ぶたい・ぶいん）は「部首」。

1 ①まわ・シュウ ②サイ・な ③チ・お ④ショウ・け ⑤キョウ・かみ

2 ①○ ②△ ③△ ④△ ⑤○ ⑥○ ⑦○ ⑧△

3 ①㋐せん ㋑ねん ②㋐くう ㋑そう ③㋐じき ㋑ちょく

4 ①㋐さ ㋑おぼ ②㋐はん ㋑めし ③㋐しお ㋑さから

アドバイス

2 音読みは中国の読み方をもとにした読み方、訓読みは漢字のもつ意味を日本の言葉にあてはめた読み方です。したがって、漢字の意味がわかる読み方が訓読みです。②「花(はな)」+「束(たば)」、③「巣(す)」+「箱(はこ)」、④「右(みぎ)」+「側(がわ)」、⑧「指(ゆび)」+「輪(わ)」は、訓読み同士の組み合わせです。

3 漢字には、二つ以上の音読みをもつものもあります。その言葉が中国のどの地いきから伝わってきたかなどによって、漢字の発音が変わっていることがあって、一つの漢字をいろいろな音で読むようになったものです。

⑥ 熟語(漢字の組み合わせ) 51〜52ページ

1 ①欠 ②苦 ③少 ④内 ⑤売 ⑥後

2 ①争 ②送 ③望 ④起 ⑤進 ⑥分

3 ア・ウ・オ

4 ①参加・思考 ②遠近・終始 ③新年・良心(それぞれ順不同)

5 ①未 ②不 ③無 ④不

アドバイス

3 それぞれの漢字を訓読みしてみましょう。ア「親友」は「親しい友」、ウ「白馬」は「白い馬」、オ「高音」は「高い音」となり、上の漢字が下の漢字をくわしくしています。

5 上の漢字が下の漢字の意味を打ち消している熟語です。「不」は「〜しない」「〜でない」、「未」は「まだ〜ない」、「無」は「〜がない」という意味です。

1 ①エ ②オ ③ア ④イ ⑤カ ⑥ウ

2 ①ウ ②エ ③ア ④イ

3 ①㋐ア・エ ㋑イ・ウ(それぞれ順不同) ②㋐イ・ウ ㋑ア・エ(それぞれ順不同)

4 ①する ②あげる ③たてる ④やぶる

アドバイス

2 ①「足が出る」は「費用が予算より多くかかる。赤字になる」、②「足をのばす」は、「予定していたところより、さらに遠くへ行く」という意味です。

3 二つ以上の意味をもっている漢字は、訓読みでその意味がわかります。

4 ①「気にする」は「心配する」、④「記録をやぶる」は「新記録をつくる」という意味です。

⑧ 慣用句 55〜56ページ

1 ①首 ②手 ③歯 ④かた ⑤耳

2 ①ウ ②イ ③ア

3 ①イ ②オ ③ア ④ウ ⑤エ

4 ①息 ②た(な) ③お茶 ④くぎ

アドバイス

1 ①「首を長くする」は「待ちこがれる」、②「手を焼く」は「もてあます。てこずる」、③「歯が立たない」は「かなわない」、④「かたを落とす」は「がっかりして気力をなくす」、⑤「耳にたこができる」は「何度も聞かされてうんざりする」という意味です。

4 ①息をおさえて音を立てないようにすることを「息をころす」といいます。

②自分に都合が悪いことにはふれないで、そのままにしておくことを「たなに上げる」といいます。

③いいかげんなことを言ったりして、その場をごまかすことを「お茶をにごす」といいます。

④くぎをさしこんでかたくとめるという意味から、まちがえないように、あらかじめ注意することを「くぎをさす」といいます。

1 ①主語…イ　述語…ウ
②主語…ア　述語…エ
③主語…イ　述語…ウ

2 ①ア　②ウ　③イ　④エ

3 ①弟が　②本が　③雨が

4 ①イ（キー）ウ（歌を）
②ア（小さな）ウ（歌って）

● アドバイス

1 主語は「だれ（は）が・何（は）が」、述語は「どうする・どんなだ・何だ・ある（いる）」にあたる言葉です。主語を見つけるときは、次に述語を見つけます。文の最初から主語・述語と考えるのではなく、最初に文末の述語を見つけ、その述語にあうように主語を見つけるとよいです。

3 ①「弟が」→「歌った」、②「本が」→「何だ」、③「雨が」という主語を見つけることができます。

1 ①そちら　②だから　③もし

2 ①そして　②だから　③しかし

3 ①あんな　②そう　③あちら

4 ①まだ　②そして　③それから　④だから

例① 始めから雪がふっていたので、冷たい風がふきはじめた。

例② 苦しかったが、一周走るまでがんばった。

例③ 道を曲がったところに、公園があった。

● アドバイス

2 「それとも」は前後のどちらかを選ぶ、「だから」「それで」は前後がつながって働きます。

3 「でも」「しかし」は前の話題を変える言葉です。「それに」は前に加えて働く言葉です。

1 ①例　見送り
②もらいたい
③もらいたかった。

2 ①ウ　③ウ
②手（斜面）
画用紙

● アドバイス

1 ①（弟の）健二
②ウ
③ウ

12 物語文の読み取り②

63〜64ページ

1　①ウ
　　②見える
　　③イ

2　①イ
　　②昔むかしの光
　　③例 りんちゃんといっしょにいるとき。

アドバイス

1　①「まだまだ」は、「じゅうぶんでしょう」などの意味で、相手の言っていることを打ち消すときなどに使われる話し言葉です。
　　②前に「……くっきりとしている」あとに「山道も……見える」とあります。夜ですがまわりのものがよく「見える」と言っているのです。
　　③直前のだん落に、山も星空も静かだが「なにかを感じ」、「よびかけられているような気がする」とあります。「物昔はなら」とあるので、アとウはあてはまりません。

2　①前に「ぱをはぶよ、とわすれていたことを思いだした」とあります。わすれていたのは、りんちゃんが「行ってしまう」ことです。
　　②直前に「星の光は、何億光年も前の光もある」、「気の遠くなる昔むかしの光が今とどいている」とあります。解答らんの字数に注意して、あてはまる言葉を書きましょう。
　　③「今」は、りんちゃんといっしょに星の光をあびているこのときです。しかし、りんちゃんは三日後に行ってしまうのです。

13 説明文の読み取り①

65〜66ページ

1　①ア
　　②記おく力
　　③イ

2　①食べる量・草や木の葉
　　②例 なかまの象が死んだ場所。
　　③おはかまいり

アドバイス

1　①□だん落の「子ども以外はすべてめす」や「おすは、子どものときだけむれにいますが、大人になるとむれから出ていき、一人でくらします」から、アが正しいとわかります。イの「めすだけでくらしている」とまちがえないように注意しましょう。
　　③③だん落の「……死んでしまうと、むれはその場所に何日かとどまって、死んだ象を見守ります」から、イが正しいとわかります。アの「両側からささえてやる」のは、なかまの象が病気になったときのことです。

2　①象は食べる量がとても多いので、いつも場所を移動して、食べ物となる草や木の葉を食べつくさないようにしています。
　　②文章中に「以前なかまが死んだ場所」や「その象の死んだ場所」とあります。
　　③「その場所」の前に「……象のおはかまいりをするかのように」とあります。そのときに「死んだ象をなつかしんでいるような」なしぐさを見せるのです。

14 説明文の読み取り②

67〜68ページ

1　①（緑の）走る人
　　②・緑のもの…ある場所
　　　・白いもの…はなれた場所
　　③イ

2　①㋐ウ　㋑イ　㋒ア　㋓エ
　　②例 （とても目立つ色で）遠くからでも人の目をひく色だから。

アドバイス

1　②次のだん落に「後ろが緑のものは非常口がある場所につけられています」とあり、その次のだん落に「後ろが白いものは非常口からはなれた場所につけられています」とあります。
　　③最後のだん落に「非常口のマークは今世界中で使われています」とあります。

2　①マークの色について、緑、青、黄、赤の順に使われ方が書かれているので、しっかりおさえましょう。
　　②最後のだん落に、赤色の持ちまうと、赤色が使われているものが書かれています。

15 詩の読み取り　69〜70ページ

1　①イ　②ウ

2　①ウ　②二　③イ

アドバイス
①おだやかにほほえんでいる
②ほっ・しいろ（いい）
③なだらかにかたむいている

2　①第三連と第四連では、その世界を自分の子様子を「ぼく」「ぼく」と表現しています。一行目の形や文字の数が、同じ表現をくり返しているところに生き生きとしている様子が見られ、それぞれに三連と第四連に「ぼく」「ぼく」と四人の登場者がそれぞれに「ちいろ」「ちいろ」と「ろいろ」「ろいろ」とかがやいている様子が見られます。

②表現をくり返すことで、春をよろこぶ気持ちが直接「おおきく」『おおきく』と強調されているところに、雪が黒い地面の高い所へ動作をゆっくりとしていく様子が表現しています。

③人間のする体をゆすって遊びのせりふや様子を表現して、山山が雪のせいだとおかしみがわいてくるところに、山山が『げ〜』と雪の落ちる様子が見られます。

アドバイス
①おだやかにほほえんでいる
②ほっ・しいろ（いい）
③なだらかにかたむいている

16 せつめい[説明]文の文章の書き方　71〜72ページ

1　①例 洋服を着がえました
②例 洗面所で顔をあらいました
③例 朝ごはんを食べました
④例 歯をみがきました

2　例 動物園へ行きました。

17 手紙の書き方　73〜74ページ

1　①エ　②イ　③ウ　④ア　〈同順〉
カ・オ　〈同順〉
ア・オ　〈同順〉
イ・ウ・エ　〈同順〉

2　イ・ウ・エ　〈同順〉
ア・オ・カ　〈同順〉

アドバイス
1　①自分を知らないあての人に初めて手紙を書くとき、初めからあての人を知らないので、自分のことを相手へつたえるために、「はじめまして」と書いて自分のことを相手へ書くようにしましょう。

3　①例 お送りいただけますか
②例 お体に気をつけください

2　①手紙は、「初めに」「自分のこと」「エ」「自分の名前」を書くようにしましょう。

3　①手紙は、「初めに」あてのある人へ、切っても相手に伝わるように、あいさつの言葉を書くようにします。また、相手の体の様子や「雨」「雪」の結びでの手紙を書くときには、手紙を送ってくることがあります。
②「返信よろしくおねがいします」のように資料を入れてあいさつがよいことを気にしています。

2　①お願いのある手紙では、相手に資料を送りたいという希望を伝えるため、「資料をおくってくださいませんか」とていねいに書くとよいでしょう。

3　①自分から相手へおくる手紙では、あて名の相手を気づかうように、「お体に気をつけてください」と書くようにしましょう。

②表現用いることで、「梅雨」の言葉があり、六月の言葉があり、②表現あいさつの節で、夏の季節の言葉を書くと、季節の言葉を書くようにしましょう。

アドバイス
1　①自分を知らないあての人に初めて手紙を書くとき、初めからあての人を知らないので、自分のことを相手へつたえるために、「はじめまして」と書いて自分のことを相手へ書くようにしましょう。

2　①ゲームセンターに行ったときには、ゲームを楽しんでいたこと、赤ちゃんの休日だったこと、家族とテニスを楽しんだことを最終的に、見たりしたことを書きました。

②例 どうぶつ館へ行ったことが、とてもおもしろかったので、それを見たことを書きました。

③例 売店でおみやげを買ってもらって、うれしかったことを書きました。

④例 行ったレストランで食べたチキンライスが、とてもおいしかったことを書きました。

英　語

① アルファベットのふく習／大文字・小文字　75~76ページ

1 ① L　② A　③ T

④ g　⑤ y　⑥ j

2 ① R r　② F f　③ Q q

3 ① h　② m　③ j　④ b　⑤ p

P　J　B　H　M

4 ① C　② G　③ K　④ O

⑤ d　⑥ h　⑦ u　⑧ x

5

1 ① L　② A　③ T

④ g　⑤ y　⑥ j

2 （例）S　① R　② F　③ Q

◆アドバイス　**1**　④~⑥いちばん下の線まで使って書くことに気をつけましょう。

2・**3**　大文字と小文字の組み合わせを正しく覚えておきましょう。

5　Aa から Zz まで，順序と大文字と小文字の字形を正しく覚えるようにしましょう。

② サッカーをしましょう。／遊び・スポーツ　77~78ページ

1 省りゃく

2 ① tag　② soccer

③ cards　④ dodgeball

3 ① ウ　② ア　③ イ

4 ① dodgeball　② baseball

5 ① サッカーをする — play soccer
② トランプをする — play cards
③ テレビゲームをする — play video games

6 Let's

1 ① Let's play soccer.　② Yes, let's.

2 ① tag　② soccer

③ cards　④ dodgeball

3 ① Let's play baseball.

（野球をしましょう。）

② Let's play video games.

（テレビゲームをしましょう。）

③ Let's play basketball.

（バスケットボールをしましょう。）

◆アドバイス　**1**　①友だちをさそうときは，Let's ～.（～しましょう。）と言います。play は「（スポーツなどを）する」という意味です。

2　Let's play tag.（おにごっこをしましょう。）のように，①~④の英語を Let's play のあとに続けると，友だちをさそう言い方になります。

4　①dとbの丸の向きに注意しましょう。

5　①「サッカー」は soccer，②「トランプ」は cards，③「テレビゲーム」は video games と言います。

③ えんぴつを持っていますか？／文ぼう具　79~80ページ

1 省りゃく

2 ① pen　② ruler　③ stapler

④ notebook

3 ① イ　② イ　③ イ

4 省りゃく

5 ① ノート — notebook
② じょうぎ — ruler
③ ホチキス — stapler

6 have

1　① Do you have a pencil?
　　② Yes, I do.

2　① pen　② ruler
　　③ stapler　④ notebook

3　① ア notebook（ノート）　イ marker
（マーカー）　② ア pencil（えんぴつ）
イ ruler（じょうぎ）　③ ア stapler（ホ
チキス）　イ eraser（消しゴム）

アドバイス　1　「～を持っていますか」
とたずねるときは，Do you have ～? と
言います。持っているときにはYes, I do.
と，持っていないときにはNo, I don't. と答
えます。

2　Do you have a のあとに①～④の英語
を続けると，持っているかどうかをたずねる
ことができます。

4　①は「消しゴム」，②は「ペン」，③は
「マーカー」，④は「えんぴつ」という意味で
す。

6　「持っている」という意味を表す have が
入ります。

4　天気はどうですか？／天気　81~82ページ

1　省りゃく

2　① rainy　② cold　③ sunny
　　④ snowy

3　① ウ　② ア　③ イ

4　① イ　② イ

5　① How's　② cloudy

1　① How's the weather?
　　② It's sunny.

2　① rainy　② cold
　　③ sunny　④ snowy

3　① It's sunny.（晴れです。）
　　② It's cloudy.（くもりです。）
　　③ It's snowy.（雪です。）

アドバイス　1　天気をたずねるときは，
How's the weather? と言います。How'sは
How isを短くした言い方です。天気を答え
るときは，It's ～. を使います。

2　It's rainy.（雨です。）のように，It's
のあとに①～④の英語を続けると，天気を言
うことができます。

3　① sunny は「晴れの」，② cloudy は「く
もりの」，③ snowy は「雪のふる」という意
味です。

4　英文の意味は次のとおりです。①ア「く
もりです。」　イ「晴れです。」②ア「雪です。」
イ「雨です。」

5　① How's は How is としても正かいです。
②「くもり」は cloudy です。天気を言うと
きは，It's ～. を使います。

5　何時ですか？／大きな数　83~84ページ

1　省りゃく

2　① twenty　② thirty　③ fifty
　　④ forty

3　① イ　② イ　③ ア

4　①

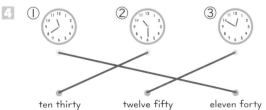

ten thirty　　twelve fifty　　eleven forty

5　① time　② twenty

1　① What time is it?　② It's 12:30.

2　① twenty　② thirty
　　③ fifty　④ forty

3　① ア It's 2:00.（2時です。）　イ It's
10:00.（10時です。）　② ア It's 8:50.
（8時50分です。）　イ It's 8:15.（8時
15分です。）　③ア It's 12:20.（12時20
分です。）　イ It's 11:20.（11時20分で
す。）

1 「何時ですか」と時こく
をたずねるときは，What time is it?と言
います。答えるときは，It's 〜.の形を使い
ます。〈時＋分〉の順番で数を言います。

2 ① twenty は「20」，② thirty は「30」，
③ fifty は「50」，④ forty は「40」を表しま
す。大きな数の言い方も覚えましょう。

4 ①「11時40分」は eleven forty，②「10
時30分」は ten thirty，③「12時50分」は
twelve fifty と表します。

5 時こくをたずねたり，答えたりできるよ
うになりましょう。

---

6 何曜日ですか？／曜日　85~86 ページ

1 省りゃく

2 ① Sunday　② Friday　③ Tuesday
④ Saturday

3 エ → イ → ア → ウ

4 ① Wednesday　② Tuesday

5 ① イ　② ア

読まれた英文

1 ① What day is it?　② It's Monday.

2 ① Sunday　② Friday
③ Tuesday　④ Saturday

3 Wednesday（水曜日）　Monday（月曜
日）　Thursday（木曜日）　Saturday（土
曜日）

● アドバイス **1** 曜日をたずねるときは，
What day is it?と言います。曜日を答える
ときは，It's のあとに曜日を表す英語を続け
ます。It's はIt is を短くした言い方です。

2 Sunday と Saturday はまちがえやすい
ので，区別して覚えておきましょう。

3 1週間の曜日の言い方を覚えておきまし
ょう。

4 ①Wと②Tは大文字で書きます。曜日
を表す英語は大文字で書きはじめます。

5 英文の意味は次のとおりです。① ア

「土曜日です。」 イ「火曜日です。」② ア
「金曜日です。」 イ「月曜日です。」

---

7 何がほしいですか？／果物・野菜　87~88 ページ

1 省りゃく

2 ① carrot　② onion　③ potato
④ peach

3 ① ア　② ア　③ ア

4

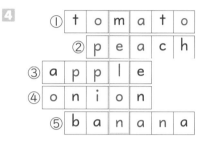

| ① | t | o | m | a | t | o |

| | ② | p | e | a | c | h |

| ③ | a | p | p | l | e |

| ④ | o | n | i | o | n |

| ⑤ | b | a | n | a | n | a |

6 melon

5 want

読まれた英文

1 ① What do you want?
② I want a banana.

2 ① carrot　② onion
③ potato　④ peach

3 ① I want a tomato.（わたしはトマトが
ほしいです。） ② I want an apple.（わ
たしはりんごがほしいです。） ③ I want
a melon.（わたしはメロンがほしいです。）

● アドバイス **1** 「何がほしいですか」と
たずねるときは，What do you want?と言い
ます。ほしいものを答えるときは，I want 〜.
（わたしは〜がほしいです。）と言います。

3 ①「じゃがいも」は potato，②「もも」
は peach，③「たまねぎ」は onion です。

4 ⑥にできあがる英文は，I want a melon.
（わたしはメロンがほしいです。）です。

5 want は「〜がほしい」という意味です。

社　会

① わたしたちの県
89~90 ページ

1 ①4（つ）

②イ，エ〈順不同〉

③あ× い× う〇

2 ①ア

②例海に面している

3 ①特産物

②あ〇 い×

◎アドバイス **1** ①宮城県は，岩手県，秋田県，山形県，福島県と陸地でせっしています。②ア南部にも川が見られます。ウ県の南東部が仙台湾に面しています。③あ仙山線と陸羽東線で結ばれています。い海ぞいにも鉄道や高速道路などが通っています。

2 ①養しょくによるのりは，有明海に面する福岡県や佐賀県で生産量が多くなっています。②北九州市では，鉄鋼製品の生産がさかんです。

3 ②い岡山県は，瀬戸大橋で四国の香川県と結ばれています。

② 水はどこから
91~92 ページ

1 ①じょう水場

②あウ いア うイ

③水質けんさ

④水道管

2 ①あ× い〇 う〇

②イ

③下水しょり場（下水しょりしせつ，

じょう化センター）

④（水の）じゅんかん

⑤例歯をみがくときは，水を出しっぱなしにしない。

◎アドバイス **1** ②じょう水場のせつびのすぐそばには中央管理室があり，水のじょう

たいをコンピューターで管理しています。

2 ①あはじょう水場の役わりです。③水再生センターなどとよばれることもあります。⑤「せんたくはまとめてする。」「せんたくにお風呂の残り湯を使う。」「バケツに水をくんで車をあらう。」などでも正かいです。

③ ごみのしょりと利用
93~94 ページ

1 ①分別

②あイ いア うウ

③あイ いエ うア

④イ

2 ①例土や地下水がよごれて，不衛生だった。

②ウ ③あア いイ うウ

④あ〇 い〇 う×

◎アドバイス **1** ②ごみのよび名や分け方は市や町によってちがうので，ホームページなどでかくにんするようにしましょう。

2 ①昔はあなをほってごみをうめるなどしていたため，不衛生で病気が広がるおそれがありました。②ごみの量はふえ続けてはいませんが，新しいしょぶん場をさがさなくてはいけない問題などがあります。③リデュース（Reduce），リユース（Reuse），リサイクル（Recycle）から，それぞれの英語の最初の文字をとって，「3R」とよばれています。

④ 災害からくらしを守る
95~96 ページ

1 ①Aウ Bア Cイ

②あC いA

③防災倉庫（びちく倉庫）

④例自然災害によるひ害のおそれのある場所などをしめした地図。

2 ①例家具がたおれるのを防ぐ。

②ア ③防災計画（地域防災計画）

④ア，エ〈順不同〉

⑤イ，ウ〈順不同〉

1 ②あは津波ひなんタワー，
いは，地震のゆれでこわれないように，たい
震工事をした建物です。④ほかにも，ひなん
場所やひなん経路などがしめされています。

2 ②171（いない）とおぼえましょう。④
ほかにも，広報車やラジオ，ＳＮＳなどでじ
ょうほうを伝えています。ウの緊急地震速報
は，地震発生直後に気象庁が出すじょうほう
で，強いゆれが来ることを事前に知らせます。
⑤アは気象庁の役わりです。

---

5 きょう土をひらく　　97~98 ページ

1 ①あエ　いイ　うア
②例子どもたちにきょう土芸のうを受け
ついでいってほしいという願い。
③あウ　いア　うエ
2 ①あ高さ　い石　②ふえた
3 ①等高線
②あ150（m）　い300（m）
③え

1 ③あの七夕は7月（8月），
いの七五三は11月，うの節分は2月に行わ
れる年中行事です。
2 ①い最初は木の管を使いましたが，水の
いきおいが強くてこわれてしまったため，よ
りじょうぶな石の管にしました。②田が大き
くふえているので，とれる米の量もふえたと
考えられます。
3 ②あといの場所の等高線をたどっていく
と高さがしめされています。③等高線の間か
くがせまいほど，土地のかたむきは急になっ
ています。

---

6 特色ある地いき①　　99~100 ページ

1 ①伝統的工芸品
②エ　③ア，エ〈順不同〉
④例原料となるよい土などが近くでとれ
たから。

⑤例伝統的なぎじゅつを受けつぐわかい
人が少ない。
2 ①イ　②あ〇　い〇　う×
③例まちなみの景観に合わない色や形に
しないように気をつける。
④ウ

1 ②アの木やウのうるしは
ぬり物（しっ器）の原料になります。③イ雄
勝町は新しい伝統産業会館をつくって，復興
を進めようとしています。⑤「原料が手に入
りにくくなった。」などでも正かいです。
2 ①アの厳島は広島県，ウの天橋立は京都
府にあり，どちらも日本三景です。エの知床
は北海道にあり，世界自然遺産に登録されて
います。②う松島では，ボートなどで自然を
体験しながら学べる活動も行われています。

---

7 特色ある地いき②　　101~102 ページ

1 ①国旗　②エ
③例きょりが近く，行き来しやすいから。
④あ姉妹　い留学　⑤イ
2 ①ウ　②あ×　い〇　う〇
3 あエ　いア

1 ①国旗には，その国の人
たちの気持ちや願いがこめられているので，
おたがいにそんちょうしなくてはいけません。
③福岡市は，日本のほかの都市よりも中国や
韓国から近い位置にあることがわかります。
⑤ウ留学生が小・中学校をおとずれて，外国
の文化を伝える活動も行われています。
2 ①大宰府という国の役所が置かれ，中国
や朝鮮半島から来た人たちをもてなしていま
した。②あ参道のまわりの建物の高さをせい
げんしています。
3 蒜山高原では，自然をいかして，ジャー
ジー牛という牛の飼育もさかんです。

理 科

1 ①イ→ウ→ア→エ→オ
②イに◯

2 ①ア△　　　イ◯
ウ◯　　　エ△
②イに◯

3 ①例温度計に，直せつ日光が当たっている（ところ）。
②風通しがよく，当たらない，1.2~1.5mに◯

4 ①㋐
②例1日の気温の変化が大きく，グラフが山の形になっているから。
③ア　　　④イ

◯アドバイス　**1**　①アはヘチマの葉が出始めたころ，イはヘチマのたね，ウは子葉，エは葉の数がふえてきたころ，オは花がさいたころのようすです。
②ヘチマは春から夏にかけて，くきがのびて葉の数がふえます。花がかれてたねができるのは，夏の終わりから秋にかけてです。
2　①ヒキガエルは春にたまごからかえっておたまじゃくしになりますが，夏になると，カエルのすがたになって陸に上がります。オオカマキリは，春にたまごからよう虫が出てきます。
②夏には動物の活動が活発になり，よく見られる動物の種類や数が多くなります。
3　気温は，次のじょうけんではかります。
・まわりが開け，風通しがよいところ。
・地面から1.2~1.5mの高さ。
・温度計に直せつ日光が当たらないように，おおいをする。
4　①②③晴れの日の気温は，朝や夜は低く，昼すぎに高くなり，1日の気温の変化が大き

くなります。くもりや雨の日は，1日の気温の変化が小さくなります。
④くもりになると，日光が雲でさえぎられて当たらなくなるので，気温が下がります。

1 ①スイッチ
②＋極，－極，変わるに◯

2 ①イ　　　②エ　　　③カ

3 ①図1…へい列つなぎ
図2…直列つなぎ
②図2

4 ①ア（と）ウ
②大きく

◯アドバイス　**1**　電気の流れを電流といいます。電流は，かん電池の＋極からモーターを通って，－極へ流れます。かん電池をつなぐ向きを変えると，回路を流れる電流の向きが変わります。
2　①②図1と図2では，かん電池をつなぐ向きが反対になっているので，回路に流れる電流の向きも反対になります。
　電流の向きが反対になると，モーターの回る向きは反対になり，けん流計のはりのふれる向きも反対になります。
③電流は，かん電池の＋極からけん流計，モーターを通って－極へと流れます。
3　②かん電池2こを直列つなぎにするほうが，かん電池2こをへい列つなぎにするよりも回路に大きな電流が流れます。
4　かん電池2こを直列つなぎにすると，かん電池1このときより回路に流れる電流が大きくなります。
　かん電池2こをへい列つなぎにしたときは，かん電池1このときと，回路に流れる電流の大きさはほとんど変わりません。

③ 月や星 107~108ページ

1 ① 1等星

② A 星の名前…イ 星ざ…ク

B 星の名前…ウ 星ざ…カ

③ 夏の大三角

2 ア, エ

3 ① ⑥満月 ⑥半月 ③三日月

② ⑥エ ⑥エ ③ウ

③ イ

●アドバイス **1** ①星は明るいものから順に, 1等星, 2等星, 3等星, …と分けられています。

②③Aは, はくちょうざの「お」にあたるデネブ, Bはわしざのアルタイル, Cはことざのベガです。3つとも1等星で, この3つの星を結んでできる三角形を夏の大三角といいます。

2 時間がたつと, 星や星ざの位置は変わりますが, 星のならび方は変わりません。

3 ②⑥は, エの向きにだんだん高くなりながら, 南のほうへ動きます。⑥はエの向きにだんだん低くなりながら, 西のほうへ動きます。③はウの向きに動いて, 西へしずみます。

③月も太陽と同じで, 東からのぼり, 南の空を通って, 西にしずみます。

④ 雨水のゆくえ, とじこめた空気と水 109~110ページ

1 ① ⑥

② アに〇

2 ① ⑦小さい ⑥大きい

② 大きい

③ 土の中

3 ① イ ② ⑥ ③ イ

4 ① イに〇

② 空気の体積は大きくなり, 水の体積は変わらない。

●アドバイス **1** 雨水は, 地面の高いとこ

ろから低いところへと流れていきます。ビー玉が⑥のほうに集まっているので, ⑥のほうが⑦より地面が低くなっています。

2 ①校庭の土のほうが, すな場のすなよりも, つぶが小さいです。

②③土やすなのつぶが大きいほど, つぶとつぶの間のすき間が大きくなるので, 水は土の中にしみこみやすくなります。

3 とじこめた空気のせいしつは, 次のようになります。

・とじこめた空気をおすと, 空気の体積は小さくなる。

・とじこめた空気は, 強くおすほど体積が小さくなり, 手ごたえが大きくなる。

・とじこめた空気をおすのをやめると, 空気の体積はもとの大きさにもどる。

4 とじこめた水と空気をおすと, 空気は体積が小さくなりますが, 水は体積が変わりません。同じように, ピストンを引くと, 空気は体積が大きくなりますが, 水は体積が変わりません。

⑤ 動物の体のつくりと運動, ものの温度と体積 111~112ページ

1 ① ア

② イ, エ, オ, キ, ケ

③ ほね, 関節, つかんだり, きん肉

2 走ったりとんだりする, ほねときん肉に〇

3 ① ア ② エ

③ 大きく, 小さくに〇

④ 水

4 ① 通りぬけない。 ② 小さい。

●アドバイス **1** ①ほねについているきん肉がちぢんだりゆるんだりすることでほねは動きます。内側のアのきん肉がちぢみ, 外側のイのきん肉がゆるむことで, うでが曲がります。また, 内側のアのきん肉がゆるみ, 外側のイのきん肉がちぢむことで, うでがのび

135

ます。

②ほねとほねのつなぎめで，体を曲げることができるところを関節といいます。

2 動物の体にも，人の体と同じようにほねときん肉があります。

3 ①試験管の中の空気をあたためると，空気の体積が大きくなるので，ガラス管の中の水は上へ動きます。

②試験管の中の空気を冷やすと，空気の体積が小さくなるので，ガラス管の中の水は下へ動きます。

③④水も，あたためると体積が大きくなり，冷やすと体積が小さくなりますが，体積の変わり方は，水のほうが空気よりも小さいです。

4 ①金ぞくは，熱すると体積が大きくなるので，玉は輪を通りぬけられなくなります。

②金ぞくをあたためたときの体積の変わり方は，空気や水よりもずっと小さいです。

6 季節と生き物②，もののあたたまり方 113~114ページ

1 ①エに○
②たね

2 ①あウ　　　　いウ
②たまご

3 南

4 ①イ→ウ→エ→ア
②イ→ウ→ア→エ

5 ①ア
②あたたまった水の動き（がわかる。）
③水

アドバイス **1** 気温が低くなってくると，ヘチマやツルレイシ，ヒョウタンなどのくきはほとんどのびなくなり，やがてたねを残して，くきや葉，根はかれてしまいます。

2 秋になると，野原などにいたあのオオカマキリは，ススキなどのくきにたまごを産みつけ，いのトノサマバッタは，土の中にたまごを産んで，死んでしまいます。

3 ツバメは，秋になるとあたたかい南のほうへ飛んでいきます。

4 ①金ぞくは，熱せられたところから順に遠くのほうへあたたまっていきます。

②熱は，切りこみをこえて伝わりません。

5 ①水は，熱せられたところがあたたまり，温度の高くなった水は上のほうへ動き，上にあった温度の低い水は下のほうへ動きます。

③水と同じように，あたためられた空気は，上のほうへ動き，上にある温度の低い空気は下のほうへ動きます。

7 すがたを変える水 115~116ページ

1 ①アえき体　　　イ気体
②水（のつぶ）
③ふっとう

2 ①0℃
②ア

3 ①ア100　　　　イ0
②えき，気，固

4 ①あイ　　　いア　　②じょう発

アドバイス **1** ①②アは湯気です。湯気は細かい水のつぶで，えき体です。イは水じょう気で，気体です。

2 水を冷やすと0℃でこおり始め，水がすべて氷に変わるまで温度は0℃から変わりません。すべて氷になったあとも冷やし続けると，温度はさらに下がります。

3 水は100℃近くになると，ふっとうして，えき体から気体になります。ふっとうしている間，水の温度は変わりません。また，水は0℃でこおり始めて，えき体から固体になります。

4 水が水じょう気になって出ていくことをじょう発といいます。入れ物にラップシートでふたをすると，ラップシートの内側についた水じょう気の一部は，ふたたび水になります。